日本の神話

吉田敦彦

青土社

日本の神話　目次

日本の神話

その一

農業の始まりを説明した神話の意味

世界のどこの神話でもそうなのですが、私たちのこの日本の国の神話の中にも、ちょっと見るとずいぶん奇妙だと思えるような話がいろいろ出てきます。農業がどのようにして始まったかを説明している神話も、その一つです。その話はまず『古事記』では、スサノヲの命《みこと》という神さまを主人公とする神話の中の一つの事件として語られています。

スサノヲの命は生まれるとすぐに、父のイザナキの大御神《おおみかみ》から、「汝《な》が命は海原を知らせ」、つまり「海を支配しなさい」という命令を受けました。ところがせっかく、こんな大切な仕事を与えてくれた父の言うことを聞かずに、髭《ひげ》が胸の前まで長くのびるまで、ワーワーと世界中を揺るがすような大声をあげて、泣きわめき、山に生えていた草や木を枯らした上に、河やさらに海の水まですっかり乾上がらせてしまいました。

怒ったイザナキが、「然《しか》らば汝はこの国にな住《とど》まりそ」、つまり「お前はもうこの国にいるな」と言って追い払うと、スサノヲは今度は、天上の神々の世界の高天原に昇って行きました。そしてそこでもまた、高天原を支配している姉さんの太陽の女神であるアマテラス大御神に対して、さんざんひどい悪戯《いたずら》をしました。そのため、最初の内はスサノヲのすることを叱らずに庇《かば》おうとした優しい姉の大御神も、しまいについに腹を立てて天の岩屋に閉じこもり、太陽が隠れたために世界中にいつまでもまっ暗な夜が続くという大事件が起こってしまいました。

困った天の神さまたちは、いろいろ相談した末にオモヒカネという知恵の神さまが考えた計画に従って、みんなで協力して岩屋の前で賑やかなお祭りをしました。そしてこの騒ぎに驚いたアマテラスが、何が起こっているのか知ろうとして岩屋の戸を細く開けたところを、うまく誘って、最後にはアメノタヂカラヲという力持ちの神さまがアマテラスの手を取り、ようやく大御神を岩屋の外に引き出して、世界がまた明るい太陽の光で照らされるようにすることができました。*

それから天の神さまたちはまたみんなで相談して、こんなとんでもないことをしたスサノヲを天から追放しました。農業の始まりとなる事件は、その後に起こったこととして語られています。

地上に降りてきたスサノヲは、お腹が空いたので、オホゲツヒメという食物の女神さまのところに行き、何か食べさせてくれるように頼みました。そうするとオホゲツヒメはすぐに、自分の身体の中にいくらでもあるいろいろな美味しい食物を、口から吐き出し、また鼻の穴やお尻の穴からもどっさり出しました。そしてそれをいろいろな御馳走に作って、スサノヲに食べさせようとしたのです。

ところが女神が身体から排泄物を出すようにして食物を出すところを見ていたスサノヲは、汚ないものを食べさせられると思い、憤慨してオホゲツヒメを殺してしまいました。そうするとやがて、この女神の死体の頭からはカイコが、両目からは稲が、両耳からは粟が、鼻からは小豆が、陰部からは麦が、お尻からは大豆が発生しま

*このときに、アメノウズメという名前のそれはそれは美しい女の神さまが、閉まっている岩屋の戸の前で、踊りながら自分のお乳と、それに陰部までむき出して見せ、天の神さまたちを高天原がどっとゆれるほど大笑いさせました。それでこの物音にびっくりしたアマテラスは、岩屋の戸を細く開けて、中からアメノウズメに声をかけ、天の神さまたちが何をしているのかと聞きました。そして話をしているうちにだんだん、身体が岩屋の外に出てきて、そこをアメノタヂカラヲに手を取られて、引き出されたのだと言われています。

した。そこで高天原にいるカムムスヒという偉い神さまがこれを見て、それらのものを取ってこさせ、種にして農業を始めたというのです。**

　これとよく似た話は、『日本書紀』にも出てきます。

あるときアマテラス大御神が、弟の月の神さまのツクヨミの命《みこと》に、こう命令しました。

「地上にウケモチという食物の神がいるそうですので、行ってあいさつしてきて下さい」

　ツクヨミはそこで地上に降り、ウケモチのところにやって来ました。そうするとこの訪問を喜んだウケモチは、さっそくまず自分の顔を国の方に向けたかと思うと、ご飯を口から吐き出しました。それから次には海の方に向いて、いろいろな種類の魚を口から吐き出し、また山の方に向いて、いろいろな種類の鳥や獣を口から吐き出しました。そしてそれらの食物を美味しく料理し、大きな机の上にどっさり盛り上げて、ツクヨミに御馳走しようとしたのです。

　そうするとツクヨミは、顔をまっ赤にして怒って、「口から吐き出

** この話は、『古事記』にこう書かれています。

　また食物を大気都比売《おほげつひめ》の神に乞ひたまひき。ここに大気都比売、鼻口また尻より、種々の味物《ためつもの》を取り出でて、種々作り具へて進《たてまつ》る時に、速須佐《はやすさ》の男《を》の命、その態《しわざ》を立ち伺ひて、穢汚《きたな》くして奉るとおもほして、その大宜津比売《おほげつひめ》の神を殺したまひき。かれ殺さえましし神の身に生《な》れる物は、頭に蚕《こ》生り、二つの目に稲種生り、二つの耳に粟生り、鼻に小豆生り、陰《ほと》に麦生り、尻に大豆生りき。かれここに神産巣日御祖《かむむすひみおや》の命、こを取らしめて、種と成したまひき。

したものを食べさせようとするとは、なんという汚ならしく、無礼なことをするのか」と叫び、剣を抜いてウケモチを斬り殺してしまいました。＊そして天に帰って、そのことをくわしくアマテラス大御神に報告したのです。

そうするとアマテラスは、たいそう立腹してツクヨミに、「あなたのようなひどいことをする神とは、もう顔を合わせないことにします」と、言い渡しました。それでこのときから、それまではいつもいっしょにいた太陽のアマテラスと月のツクヨミとが、太陽は昼の空に、月は夜の空に、別れて出るようになったのです。

それからアマテラスは今度は、アマノクマヒトという神さまを、地上に様子を見に行かせました。そうするとウケモチは、もうたしかに死んでいたのですが、その死体の頭には牛と馬が、ひたいの上には粟が、眉毛の上にはカイコが、目の中には稗《ひえ》が、腹には稲が、陰部には麦と大豆と小豆が、それぞれ発生していました。

アマノクマヒトはそこで、これらのものをすべて天に持ち帰って、アマテラス大御神に献上しました。そうするとアマテラスは喜んで、

＊ウケモチが口から吐き出した御馳走を食べさせようとして、怒ったツクヨミに殺されたことは、『日本書記』にこう書かれています。

保食神《うけもちのかみ》、乃《すなは》ち首《かうべ》を廻《めぐら》して国に嚮《むか》ひしかば、口より飯《いひ》出づ。又海に嚮ひしかば、鰭《はた》の広《ひろもの》・鰭の狭《さもの》、亦《また》口より出づ。又山に嚮ひしかば、毛の麁《あらもの》・毛の柔《にこもの》、亦口より出づ。夫《そ》の品《くさぐさ》の物悉《ものふつく》に備《そな》へて、百机《ももとりのつくえ》に貯《あさ》へて饗《みあへ》たてまつる。是《こ》の時に、月夜見尊《つくよみのみこと》、忿怒《いか》り作色《おもほてり》して曰《のたま》はく、「穢《けがらは》しきかな、鄙《いや》しきかな、寧《いづくに》ぞ口より吐《たぐ》れる物を以て、敢へて我に養《あ》ふべけむ」とのたまひて、廼《すなは》ち剣を抜きて撃ち殺しつ。

「これは人間が生きて行くために必要な食物です」と言って、粟と稗と麦と豆を畑の作物にしました。また稲は田の作物にして、天上に田を作り植えたところ、その年の秋には、みごとな穂が一面にたわわに実って、すばらしい眺めになりました。またアマテラスは、自分の口の中にカイコを入れて、それから糸を引き出し、これによって養蚕も始まったというのです。

『古事記』の話と『日本書紀』の話とでは、まず出てくる神さまたちの名前がすっかり違っている上に、そのほかにもまだ違うところがいろいろあります。だがどちらの話でも、まだ農業が始まっていなかった大昔には、地上に身体の中に食物を持っていて、それを分泌物か排泄物のようにしていくらでも出して食べさせてくれる、気前のよい食物の神さまがいたことが語られています。

口から吐き出したり、鼻や尻から出したものを食べさせるというのですから、たしかにこの神さまがしていたことは、ちょっと考えるとずいぶん汚ないことだったようにも思えます。だが本当に、そうだったのでしょうか。

人間は普通なら赤ん坊の時には、母親の乳房から出てくる母乳を飲んで育ちます。つまり人間が最初に口にする食物は本来は、母が自分の身体からふんだんに分泌して出してくれるものなので、このことを汚ないと思う人はだれもいないでしょう。この状態は一応はたしかに、離乳と共に終ります。だが、子どもはその後も、長いあいだ自分では働かずに、親の完全な保護を受けて大きくなります。そしてそのあいだは親たちが自分の体力をすりへらしながら働いて得てくるものを食べて生きているので、親が自分の身体から出してくれるものを食べているのと、そう大きな違いはないと言ってよいでしょう。

だがこのように、食物を完全に親に依存する状態は、普通ならいつまでも続くわけにはいきません。一人前になるためには人間は、親が出してくれるものを食べて成長する子どもの生き方を止め、自分の労働によって自分とそしてやがては自分の子どもたちの食物まで生産する、大人の生き方を始めなければなりません。それはそれまでまるで当然のように甘えながら受けてきた、親たちことに母親の庇護から、自分というものをはっきり独立させて、生活とか行動の全責任を、自分で負うことでもあります。

このことは、口で言うほど容易ではありません。母と子をそれまで長いあいだ、ほとんど一体のように親密に結びつけてきた、庇護と甘えのつながりを断つことは、子どもにとって困難であるだけではありません。それ以上に母親にとってそのことは、たとえ子どもを一人前にするために必要だと頭では分っていても、感情的にはしばしば身を切られるより辛いことです。

そのため母に対する甘えを止め、責任ある大人の生き方を始めることは、多くの場合に、まだ子どもを自分に甘えさせ庇護したいという強い願望を断ち切れずにいる母親の愛を、子どもの方から蹂躙することにもなるのです。スイスの心理学者のユングは、このことを、ちょっとどぎつく思われる言い方ですが、「母殺し」と呼びました。つまりユングによれば人間はだれでも心の中で、母の過保護への依存心をきっぱり抹殺することで、彼のいう意味での「母殺し」をとげねば、身体は大人になっても心理的には一人前に成長できないのだというのです。*

『古事記』と『日本書紀』の神話に語られている、食物がまだオホゲツヒメやウケモチの身体から、分泌されたり排泄されていくらでも出てきた時代というのは、ですから世界のいわば幼児期に当たっていたと言うことができるでしょう。大昔に人間の先祖が、何の労苦もせずに自然に産出される食物を食べて生きていた、「楽園」の状態とか「黄金時代」があったという話は、方々の神話に語られている「エデン」中でも特に有名なのが、『旧約聖書』のはじめに語られている「エデンの園」の話です。

それによると、最初の人間の男女だったアダムとエバは、「見て美しく、食べるに良いすべての木」が生えていたこの楽園に住み、木に自然に生える実を、いくらでも自由に取って食べて暮らしていました。ただ「善と悪を知る木」の実だけは、取って食べることを神から固く禁止されていたのですが、あるとき蛇に誘惑されてエバがまずその実を食べ、アダムにも与えて食べさせてしまいました。そうするとこのことを知った神は、アダムに次のように宣告した上で、

*ユングのこの理論は、次の二冊の本に、特に分かりやすく説明されています。
河合隼雄『ユング心理学入門』(培風館)
河合隼雄『無意識の構造』(中公新書)

** このときに神は、アダムとエバを誘惑して、この木の実を食べさせた蛇に対しては、こう宣告したと言われています。
「おまえは、この事を、したの

彼とエバとを楽園から追放したと言われています。

「あなたが妻の言葉を聞いて、食べるなと、わたしが命じた木から取って食べたので、地はあなたのためにのろわれ、あなたは一生、苦しんで地から食物を取る。地はあなたのために、いばらとあざみとを生じ、あなたは野の草を食べるであろう。あなたは顔に汗してパンを食べ、ついに土に帰る。あなたは土から取られたのだから。あなたは、ちりだから、ちりに帰る**」

　つまりこの話によれば、アダムとエバが神に食べることを禁止されていた「善と悪を知る木」の実を食べてしまった罪に対する罰として、楽園での何の苦労もない暮らしに終止符が打たれた。そして辛い労働によって大地から得られる食物を食べて生き、最後には死んで土に帰らねばならぬ運命が人間に定められたことになっているわけです。

　だがこのことは、それによって人間がはじめて、一人前の大人の生き方をするようになったということでもあります。なぜなら「善と悪を知る木」の実を食べたということは、取りも直さず、以後は

で、すべての家畜、野のすべての獣のうち、最ものろわれる。おまえは腹で、這いあるき、一生、ちりを食べるであろう。わたしは恨みをおく、おまえと女とのあいだに、おまえのすえと女のすえとの間に。彼はおまえのかしらを砕き、おまえは彼のかかとを砕くであろう。」

　またエバに対しては、神はこう宣告したことになっています。

「わたしはあなたの産みの苦しみを大いに増す。あなたは苦しんで子を産む。それでもなお、あなたは夫を慕い、彼はあなたを治めるであろう。」

　つまり神がこのとき言いわたした罰の通りに、蛇は他のどの生物よりも人間に目の敵にされて、手当たりしだいに殺され、女の人は、お産のときとても苦しい目にあい、それでも結婚して男の妻になり、子を生まずにはいられないことになったのだと、言うのです。

して良いことと悪いこととを自分で判断し、自分の行動のすべてに責任を持つようになったことだからです。そしてそうなれば人間はもう、必要な食物を親とか神さまからいつでもほしいだけ貰える、楽だが無責任な暮らしを続けては行けません。生きるために必要なすべてのものを、自分で労苦して手に入れる、大人の暮らしを始めなければならなくなるわけです。

日本の神話に語られている、食物を身体からいくらでも出してくれていた神さまが殺されてしまったという事件にも、同じような意味があります。日本の神話では、このどこまでも有り難い神さまは、殺されてもなお、その死体が人間の生活に必要な食物やその他のものに変り、今でも人間を養ってくれていることになっています。だがその神さまの死体から出てきた五穀などは、昔この神さまが生きていたときに身体から出してくれた食物とは違って、人間が労苦して田や畑を耕し栽培して、はじめて食べることができるものです。だからこの話でもやはり、食物をただ一方的に貰うのではなくて、働いて手に入れる大人の暮らし方が、この世で始まったことが語ら

蛇に誘惑されて善と悪を知る木の実を食べようとしているアダムとエバ

れているわけです。

『古事記』のスサノヲの命《みこと》の神話には、このことが、とてもはっきり語られているように思えます。身体から御馳走を出して食べさせようとしたことを、汚ないと言って怒って、オホゲツヒメを殺してしまうまで、スサノヲはいったいどんな神さまだったでしょうか。それまでにこのとても偉いはずの神さまがしたことと言えば、まず父の神に命じられた大切な役目を果たさずに、髭が長くのびるまでワーワー泣きわめき続けて、草木を枯らし、河と海の水を乾上がらせてしまったこと。そして次には高天原で、姉のアマテラス大御神の優しさに甘えながら、付け上がってとんでもない悪戯を重ね、とうとう天の岩屋の事件を起こし、世界中をまっ暗にしてしまったことでした。

つまりオホゲツヒメを殺すまでのスサノヲは、身体つきはもうすっかり大人で、その上世界中を何度もめちゃめちゃにしてしまうほどすごい力を持っていたのに、することはまるで赤ん坊か、無責任なだだっ児のようだったとされているわけです。ところがオホゲツ

楽園から追放されるアダムとエバ

ヒメを殺してしまったあとでは、スサノヲのやることはたちまちがらりと一変します。

なぜならそのあとでスサノヲは出雲に行き、アシナヅチとテナヅチという老夫婦の神が、娘のクシナダヒメを中にはさんで泣いているのと出会います。そしてやがて世にも恐ろしい怪物のヤマタノヲロチが、クシナダヒメを食い殺しにそこにやってくるという話を聞くと、すぐにアシナヅチとテナヅチにてきぱきと命令を下して、この強敵を倒すために必要な準備をすっかり整えさせます。

それから力だけでなく知恵も使った巧妙なやり方で、やって来た大蛇を酒に酔わせ眠らせておいて殺します。* そしてその尾の中から剣を発見すると、皇室の三種の神器の一つになるそのクサナギの剣を、アマテラス大御神に献上します。また須賀というところに立派な御殿を建てて、クシナダヒメと夫婦になって住み、** その子孫に、これも日本の神話の中で大活躍をしている、偉い神様のオホクニヌシの命が生まれたと言われています。

つまり『旧約聖書』には、「善と悪を知る木」の実を食べてしまっ

*ヤマタノヲロチは、八つの山と八つの谷を覆ってしまうほど巨大な大蛇で、頭が八つ尾が八本あり、身体には杉の木や檜の木が生えていました。スサノヲはそのことを聞くと、まずクシナダヒメを自分の妻にもらい、彼女を櫛に変えて髪に刺しました。それからアシナヅチとテナヅチに、たくさんの濃いお酒と門が八つある長い垣根を造らせました。そしてその一つ一つの門の前に、台をすえさせ、その上にお酒がいっぱい入った大きな桶をのせて置かせました。こうして待っていると、やがて大蛇がやって来て、八つの桶の中に一つずつ頭を突っこんで、がぶがぶお酒を飲み、すっかり酔っ払って眠ったので、スサノヲはそこで出て行って剣で、この怪物をずたずたに切りきざんで殺したと言われています。

たあとでは、アダムとエバが、大人の生き方をせねばならなくなったことが語られている。それと人間と神の違いはありますが同様に、スサノヲもやはりオホゲツヒメを殺したあとでは、一転して子どものようであることを止めたのです。そして大人の神として、偉大な力を世界のために、きちんとしたやりかたで役に立てるようになったとされているのです。

だがだからと言って、ここで取り上げた日本の神話はもちろん、『旧約聖書』の話と、意味が何から何まで同じでは、けっしてありません。またこれまでに述べたことだけで、意味のすべてが尽くされてもいません。そのことをこの本の中でこれから、順を追って考えながら、日本の神話が持っているすばらしい意味と価値を、少しずつ発見して行きたいと思っています。

＊＊ このときにスサノヲが、とても大喜びをして、次のように歌い、それが和歌の始まりになったというのも、有名な話です。

や雲立つ　出雲八重垣
妻隠《こ》みに　八重作る。
その八重垣を。

「たくさんの雲が、もくもくと湧いて立ち昇る、この出雲の国に、妻といっしょに住むために、何重もの垣根に囲まれた立派な御殿を作るのだ」というのが、この歌の意味です。

その二

農業の始まりの神話にみる東西の労働観の違い

前章に見たように、日本の神話では農業の始まりは、『古事記』ではオホゲツヒメ、『日本書紀』ではウケモチという名前で呼ばれている、食物の主であった神さまを主人公にする話で説明されています。この神さまたちはどちらも、自分の身体の中にあらゆる種類の美味しい食物を、無尽蔵に持っていました。そしてそれをオホゲツヒメは、鼻と口とお尻から出し、ウケモチは口から吐き出して、だれにでも気前よく食べさせていました。

ところがどちらの神さまもある時、天から降りて自分のところにやって来た偉い神さまに、このようにして出した食物を御馳走しようとしました。そうすると食物を出すやり方を見ていたその偉い神さまは、身体から出した汚いものを食べさせられると思い、かんかんに怒って、食物の主の神さまを殺してしまいました。オホゲツヒ

*ウケモチの死体から発生したものを、アマテラスが取ってこ

メはスサノヲの命に、ウケモチは月の神さまのツクヨミの命に、このようにして殺されたと物語られています。

だがこうして殺された神さまは、死んでもなお、身体から食物やその他の人間の暮らしの役に立つものを出すことを、止めなかったと言われています。食物の主の神さまの死体のいろいろな場所からは、やがて五穀とカイコが発生し、ウケモチの死体からは牛と馬も発生しました。そしてそのことを知った天上にいる偉い神さま（『古事記』ではカムムスヒの命、『日本書紀』ではアマテラス大御神）が、それらのものを取ってこさせて、農業や養蚕を始めたのだと語られているのです。*

大昔には食物が、何の労苦もしなくてもいくらでも出て来ていたのに、そのまるで「楽園」のような状態があるとき終わり、その後に農業が始まったことを物語っている点では、この日本の神話には、前章に見たように、たしかに『旧約聖書』の「エデンの園」の話と、よく似ているところがあるように思われます。この聖書の話にもまず、最初の人間の男女が、楽園の木に自然にいくらでも生《な》るあらゆ

させて、農業と養蚕を始めたことは、『日本書記』にこう書いてあります。

是《こ》の後に天照大神《あまてらすおほみかみ》、復天熊人《またあまのくまひと》を遣して往《ゆ》きて看しめたまふ。是の時に、保食神《うけもちのかみ》、実《まこと》に已《すで》に死《まが》れり。唯《ただ》し其《そ》の神の頂《いただき》に、牛馬化為《な》る有り。顱《ひたひ》の上に粟生《な》れり。眉の上に蠒《かひこ》生れり。眼の中に稗《ひえ》生れり。腹の中に稲生れり。陰《ほと》に麦及び大小豆《まめあづき》生れり。天熊人、悉《ふつく》に取り持ち去《ゆ》きて奉進《たてまつ》る。時に、天照大神喜びて曰く、「是の物は、顕見《うつ》しき蒼生《あをひとくさ》の、食ひて、活くべきものなり」とのたまひて、乃《すなは》ち粟稗麦豆を以ては、陸田種子《はたけつもの》とす。稲を以ては水田種子《たなつもの》とす。又因りて天邑君《あまのむらきみ》を定む。即ち其の稲種を以て、始めて天狭田《あまのさなだ》及び長田《ながた》に殖《う》う。其の秋の垂穎《たりほ》、八握《やつかほ》に莫莫然《しな》ひて、甚《はなは》だ快《こころよ》し。又口の裏《うら》に蠒《かひこ》を含《ふふ》みて、便《すなは》ち糸抽くこと得たり。此より初めて養蚕の道有り。」

る種類の美味しい実を、好きなだけ取って食べて暮らしていたことが語られています。そしてその状態が終わらねばならなくなったときに、神は楽園から追放されることになった人間の先祖のアダムに対して、「あなたは一生、苦しんで地から食物を取る」と宣告して、農業によって食物を得る運命を、人間に定めたと言われているからです。そのことは『旧約聖書』にまた、「そこで主なる神は彼をエデンの園から追い出して、人が造られたその土を耕させられた」とも書かれています。

だが同じように農業の始まりを物語ってはいても、この『旧約聖書』の話にはもちろん、日本の神話とはずいぶん違っているところもいろいろあります。何よりも大きな違いの一つに、この話では農業が、神から人間に対して課されている、辛い刑罰だとされているということがあります。

なぜならこの聖書の話では、労苦せずにいくらでも食物が得られていた大昔の状態が終わらねばならなくなったのは、人間の先祖たちが罪を犯して、神を怒らせてしまったためだと物語られているか

＊蛇に誘惑されてエバが禁断の木の実を食べ、アダムにも食べさせたことは、『聖書』にこう書かれています。

らです。神はアダムに次のように言って、ただ一本の木の実を食べることだけは、固く禁止していました。

「あなたは園のどの木からでも心のままに取って食べてよろしい。しかし善悪を知る木からは取って食べてはならない。それを取って食べると、きっと死ぬであろう」

　ところがこの「禁断の木の実」を、まずアダムの妻のエバが、蛇のたくみな誘惑に負けて食べ、アダムにも与えて食べさせてしまいました。*するとそのことを知った神は、たちまち激怒して、この不埒《ふらち》な反逆の罪に対するとうぜんの罰として人間に、死んで土に帰らねばならぬ運命を宣告しました。そしてそれに加えて、人間の女にはお産のひどい苦しみを、男には農業によって食物を得ねばならぬ苦労を、罰として定め、アダムとエバを楽園から追放したと物語られているのです。

　農業をこのように、神さまが怒って人間に課することにした、辛い刑罰だと考える方は、ギリシャ神話にもはっきり見られます。ギリシャ神話でも、大昔に最初に地上に住んだ人間だった黄金の種

　さて主なる神が造られた野の生き物のうちで、へびが最も狡猾であった。へびは女に言った。「園にあるどの木からも取って食べるなと、ほんとうに神が言われたのですか」。女はへびに言った、「わたしたちは園の木の実を食べることは許されていますが、ただ園の中央にある木の実については、これを取って食べるな、これに触れるな、死んではいけないからと、神は言われました」。へびは女に言った、「あなたがたは決して死ぬことはないでしょう。それを食べると、あなたがたの目が開け、神のように善悪を知る者となることを、神は知っておられるのです」。女がその木を見ると、それは食べるに良く、目には美しく、賢くなるには好ましいと思われたから、その実を取って食べ、また共にいた夫にも与えたので、彼も食べた。

族の人たちは、美味しい食物をはじめ暮らしに必要なよいものを何でも、苦労せずに欲しいだけ手に入れることができたと言われています。* それはなぜかと言えば、大地がこの人たちのために、要るものを何でも余るほど自然に出してくれたからでした。そのおかげで彼らは、病気になることもなければ老いることもなく、いつまでも若く元気なままで、ただ楽しい宴会だけをして暮らしていることができたというのです。ヘシオドスという人が書いた『仕事と日々』という詩の中では、その楽園のような暮らしのことが、次のように歌われています。

「彼らは、まるで神々のように、労苦と悲しみから免がれ、心配を知らぬ心を持って、暮らしていた。惨めな老齢も彼らを苦しめることはなかった。常に、手も足も若いままで、彼らは、あらゆる災いから遠く離れて、饗宴の愉楽に耽り、死ぬときの様は、まるで眠りに落ちるようだった。彼らには、すべての良いものがあった。豊穣な大地は、有り余る豊かな実りを自然に産出した。それ故、有り余る良いものに恵まれて、彼らは喜びと平和のうちに、肥沃な地上に

＊この黄金の種族の人間たちが地上で、幸福な暮らしをしていた「黄金時代」に、世界を支配していたのは、ティタンと呼ばれる古い神さまたちで、その王さまはクロノスという名前の神さまでした。今の世界を支配している神さまたちの王さまのゼウスは、このクロノスの子どもの一人だということになっています。

蛇に誘惑されて善と悪を知る木の実を食べるアダムとエバ

住んでいたのである」

だがこの大昔のまるで夢のような状態を、あるとき神々の王さまのゼウスが怒って、終わらせてしまいました。そして辛い農業によって食物を手に入れて生きて行かねばならぬ運命を、人間に定めたので、そのことをヘシオドスは『仕事と日々』の中で、こう歌って嘆いています。

「なぜならば、神々は人間たちから、生命の糧を隠しているのだから。もしそうでなければ、お前は一日だけ楽に働けば、一年間、何の仕事もせずに暮らせるだけの収穫を得られただろう。そして船の舵はすぐさま、（炉の）煙の上方に吊してしまって（古代のギリシャ人は、航海をしないときは、舵を船体から外して、家の炉の上に吊しておいたのです）、牛や忍耐強い騾馬《らば》たちを、仕事に駆り立てる必要も、まったくなかっただろう。だがゼウスは、心に怒って、隠してしまったのだ。彼をひねくれた奸知の持主であるプロメテウスが、ペテンにかけたそのおりに、このことの故に彼は、人間たちに対して、忌わしい苦難を生じさせたのだ」

ここでヘシオドスはゼウスが、食物を辛い労働によってしか人間の手に入らなくしてしまったのは、プロメテウスのペテンに対して怒ったためだと歌っていますが、それはこういう話です。

あるときゼウスが牛を、神々に供えなければならない部分と、人間が使ってよい部分と、二つの部分に分けることにしました。そしてその二つの分け前を、どこからも文句の出ないように上手に作る難しい仕事を、神さまたちの中でも非常な知恵者だった、プロメテウスにさせたのです。

ところがこのプロメテウスは、人間に深い同情を寄せていて、神さまでありながら実は、神々よりも人間の方の味方だったのです。それでこのときも彼は、ゼウスを騙《だま》して、牛の中の美味しい食物になる部分が、全部人間の分け前になるようにしてやろうとしました。*

そのために彼はまず、肉と内臓をすっかり皮の中に隠した上に、それを胃袋の中に入れてしまって、外から見ると屑のいっぱい詰まった汚ない袋のように見えるものを、苦心してこしらえて置きました。それからその横に、役に立たない骨を、さも貴重なもののよう

*プロメテウスの父親は、ティタンの一人のイアペトスという名前の神さまで、クロノスと兄弟でした。つまりプロメテウスとゼウスとは、従兄弟の関係だったことになっているのです。プロメテウスという名前は「先見の明の持ち主」という意味で、この神さまはとても知恵者でした。それでゼウスと知恵くらべをしても、自分ならきっと勝てると思いこんで、とんでもない失敗をしてしまったのだと言われているのです。

にきちんと積み上げて置き、その上に美味しそうに見えるまっ白な脂身をすっぽりとかぶせて、中の骨が見えないようにしました。そしてこの二つの分け前をゼウスに見せて、「どちらを神々の取り分にするか、どうかあなたがお決めになってください」と言ったのです。

ゼウスはこのとき、人間には無用の骨を神々の取り分として、自分に選ばせようとしてこんな工夫をこらした、プロメテウスの悪だくみをすっかり見破っていました。だがわざと騙されたふりをして、「こちらを神々の取り分にする」と、厳かに宣言しながら、白い脂身を取り除けて、その下に隠されていた骨の山を剝き出しにしました。

これによって古代のギリシャ人は、牛を屠殺するたびに、骨と脂身を神々へのお供物として祭壇の上で燃やせば、肉と内臓は自分たちが食べ、皮や胃袋も人間の用のために使ってよいことになったのだ、と言われています。だがそれでも人間は、得をしたことにはならなかったのです。

なぜなら、プロメテウスがこんな不遜な悪だくみをして、神々の王である自分をペテンにかけようとしたことに対して、ゼウスは火

無敵の武器の雷を投げようとしている、ギリシャ神話の神々の王ゼウス

のように怒り、罰として人間の生命の糧の食物を隠し、大地から自然には出てこないようにしてしまったからです。* こうして苦労して大地を耕し作物を育てる、農業によって生命の糧となる食物を手に入れることが、人間の運命として定められたのです。だからヘシオドスはここで、「もしゼウスがプロメテウスのペテンに激怒して、その仕返しに人間の生命の糧を隠してしまうという、あの忌わしい事件が起こらなかったら、人間は今でも畑を耕す必要もなければ、危険な航海をする必要もなく、大昔の黄金の種族の人々がしていたような楽園の暮らしを続けていられるところだったのだが」と言って、嘆いているのです。

このように聖書でもギリシャ神話でも、農業ははっきりと、神から人間に対して課されている、忌わしい刑罰だと考えられています。欧米の人たちのものの考え方の大本は、ヘブライズムとヘレニズムつまり聖書の信仰と古代のギリシャ思想に、遡ると言われています。その両方にこれほどはっきり共通して見られる、このような農業についての考え方はですからとうぜん、現在でも欧米の文化の底に、

＊プロメテウスのこの悪だくみに対する仕返しとして、ゼウスはこのとき、火もいったんは隠して、人間の手に入らないようにしました。だがその火を、プロメテウスが天から盗んできて人間に与えてくれたので、そのおかげで人間は、火を利用し、技術や文化を発達させられるようになったのです。ところがそのことを知ったゼウスはまたかんかんに怒って、プロメテウスを身動きできないように、鎖で柱に縛りつけました。そして毎日そこに一羽の大鷲を送って、彼の腹を食い破らせ、肝臓を食べさせることを続けたと、言われています。

根強く受けつがれているわけです。刑罰を課されて、それからの解放を願わない人はいないでしょう。農業が辛い刑罰であれば、人間の夢はとうぜん、その罰から解放されること、つまり苦労せずに食物を得て完全に怠惰な暮らしができるようになることになります。古代のギリシャ人は事実その夢を、文学作品の中でびっくりするほど露骨に表現していました。たとえば紀元前五世紀にアテネで上演された喜劇の中では、次のような台詞が述べられたと伝えられています。

「必要なものは何でも、大地から自然に生えて出た。川にはみな、葡萄酒が流れ、大麦のパンは、人間どもの口のまわりで、小麦のパンと、自分の方こそまっ白で美味しいから、どうか呑みこんで下さいと言って、嘆願しながら喧嘩をしていた。魚たちも勝手に家にやって来ては、自分で自分たちを焼き上げ、食卓の上にどんどん並んだ。横になって食事している連中のすぐ側に、煮汁の河が流れてきて、その中をほかほかの熱い肉が、ごろごろ転がってきた。辛い薬味の入ったソースが好きな連中のためには、それが流れてくる水路

ゼウスの罰を受けて、肝臓を鷲に食われているプロメテウス

だってちゃんとあったから、自分の食べようとする塊りを、そこに浸し柔かくして呑みこめばよかった。皿の上には、香料のたっぷりふりかかった菓子が、ひとりでに現れたし、つぐみは焼き鳥になって、乳菓子といっしょに、喉の中に勝手に飛びこんできて、そのあいだに顎のまわりには、もう煎餅どもが群らがって、押し合いへし合いしていた*」

　日本の神話に見られる農業についての考え方は、欧米の文化の底にあるこのような考え方とは、ほとんど正反対と言ってもよいほどに違っています。なぜなら『日本書紀』の神話には、人間が農業をするようになるより前にアマテラス大御神が、まず高天原に田を作らせて、ウケモチの死体から発生した五穀のうちの稲を、そこで神々に栽培させたことが、はっきり物語られています。そしてその上に大御神はまた、カイコをなんと自分の口の中に入れて糸を引き出すという、自身の身体を汚すことも厭《いと》わないやり方で、養蚕を創始したと語られているからです。

　日本の神話ではこのように農業が、それをせねばならなくされて

*同じ時代にやはりアテネで上演された別の喜劇の中では、こんなこっけいな台詞も述べられたと伝えられています。

　要るものは、呼びさえすりゃあ、何でも、自分からどんどん、やってくるようになるのさ。

「おい、テーブル。そこに自分を据えろ。自分で、自分の支度をしろ。それから粉袋、さっさとパンを捏ねろ。酒瓶、酒を注げ。こら、盃。何をぐずぐずしてるんだ。行って自分を洗ってこい。おい、パン。上がってこい。それから壺は、菜っ葉を吐き出すんだぞ。おい魚、そろそろやってこい」。

「お言葉ですがね。わたしはまだ、片側が焼けていないんです」。

「それじゃあ、さっさと、自分をひっくり返して、塩をまぶして油を塗れ」。

いることで人間が神と区別される、悲惨な苦業と考えられるのとは反対に、天上の神々が人間に率先してそれに勤しんでいる、この上なく貴い聖事であり神事であるということが、実にはっきりと強調されているのです。事実わが国では農業は、人間がけっして自分たちだけの労働ですることではなく、人間といっしょに労苦してくれる神さまの力を借りてすることだと考えられてきました。今でもまだ方々の農村で、春のはじめに田に神さまをお迎えし、その神さまを秋の収穫の後に、山や天上に丁重に送り返したり、あるいは家にお招きして、一年の田での労苦に心を籠めてお礼したりする行事が、きちんとされているところがあります。石川県の奥能登地方のアエノコトは、その代表的なものの一つです。

このお祭りの日には、夕方に家の主人が収穫のすんだ田の前で、拍手を打ってから、「田の神さま、長の年中ご苦労様でございました。お迎えに参りましたから、どうかおいでください」と挨拶して、神さまを家まで丁寧に案内して帰ります。家に着くと家族一同が迎えに出て、「田の神さま、御苦労様でございました。さあどうか、お入りください」と挨拶し、それから主人が神さまを、炉端へ案内します。そしてそこでしばらく休んでもらってから、湯殿へ案内して神さまにゆっくり入浴してもらい、そのあとで御馳走をお供えして、春から田で働いてくれた神さまの大変な骨折りに、心からお礼を申し上げるのです。

　このアエノコトに似たお祭りは、少し前まではおそらく、日本中のどこでもされていたのだと思われます。日本人はこのように昔から農業を、神さまといっしょに協力してする、こよなく畏い聖事と考えてきたのです。だから、その日本人が今でも、人間の本当の幸福が、労働から解放されて怠惰になることではなくて、真心を尽して勤労に励むことの中にあると思うのは、まったくあたりまえのことなのです。それで現在でも日本人は、労働を昔から辛い罰のように考えてきた欧米の人たちからは、「余暇の楽しみ方を知らない」とか、「まるで労働に中毒してしまっているようだ」などと言われて、いくら顰蹙《ひんしゅく》されたり揶揄《やゆ》されても、仕事に一生懸命に打ちこむこと以上に大きな喜びはないと、考えずにはいられないのでしょう。そして世界中の人がびっくりしたりあきれるほど勤勉な生き方を倦《う》まずにすることを、どうしても止められずにいるのでしょう。

その三

作物そのものを
尊い神さまとして
崇める信仰

インドネシアのモルッカ諸島の中に、セラムというほぼ日本の四国ぐらいの大きさの島があります。この島の原住民でウェマーレ族と呼ばれる人々のあいだには、こんな神話が伝えられています。

最初の人間の先祖たちは、セラム島にあるヌヌサクという山に生えていた、バナナの木に生《な》っていたよく熟したバナナの実から生まれました。* そのときこの木に、一つだけまだ未熟な実が生っていましたが、その実からはサテネという名前の妙齢の乙女が生まれ、みんなの支配者になりました。

祖先たちの一人に、アメタという名前の男がいました。このアメタという名前には、「黒い」とか、「暗い」とか「夜」などという意味があります。

ある日のことアメタは、犬を連れて狩りに行きました。犬はやが

*ウェマーレ族の人たちは、人間とバナナの結びつきをまた、こんな神話でも説明しています。

大昔まだ人間がどんなものになるかきまっていなかったときに、バナナの木と石が、こんな言い争いをしました。

石は言いました。「人間はわたしと同じ形で、わたしのように固くなければならない。身体は右半分だけで、手も足も目も耳も、一つあればよい。そして人間は、不死であるべきだ」。

バナナの木は、言い返しました。「いや人間は、わたしに似た形で柔かく、手も足も目も耳も二つずつ持ち、わたしと同じように、子どもを生まねばならな

て猪を、ある池の中に追いこんで、溺死《できし》させてしまいました。アメタがその猪の死体を岸に引き上げてみると、牙にまだ見たことのない大きな丸い木の実が付いていました。それは世界にはじめて発生した、ココ椰子《やし》の実だったのです。

アメタはこの実を、大切に家に持ち帰って布に包み、棚の上に置きました。するとその夜、夢の中に不思議な男の人が出てきて、実を土の中に埋めるように、アメタに命令しました。お告げの通りにすると、すぐに芽が出て、三日後にはもう高い樹になり、それからまた三日たつと花が咲きました。それを見たアメタは、「この花からきっと、美味しい飲みものができるにちがいない」と思い、樹に登って花を切り取り始めたのですが、そのあいだにうっかり手もとが狂って、指にけがをしてしまいました。それでその傷から流れた血が、花にかかったのです。

それから三日たってアメタが、また樹のところに来てみると、血が花にかかったところに、人間が生まれかけていて、顔がもうちゃんとできていました。また三日後に来てみると、もう胴体がすっか

い」。

こう激しく言い争っているうちに、石が怒ってバナナの木に飛びかかって、ぐしゃぐしゃにつぶしてしまいました。ところが次の日には、その場所に前の木の子どもたちが生えて、また同じ言い争いを石と続けました。

こんなことが何度かくり返された末に、石はしまいに、けわしい崖のふちに生えたバナナの木に飛びかかろうとして、狙いを外して、深い谷底へ転落してしまいました。そこでバナナたちは、大喜びをして、「わたしたちの勝ちだ」と、叫びました。そうすると、石は谷底からこう言い返しました。

「よろしい。人間はおまえたちが望む通りになるがよい。だがその代わりに、おまえたちと同じように、死なねばならないぞ」。

りできていて、また三日後には、五体が完全な可愛い女の子になっていました。そしてその夜またアメタの夢の中に、前と同じ男の人が出てきて、「女の子を木から下ろし、家に連れてきなさい」と、命令したのです。

　アメタはそこで朝になるとさっそく、女の子を家に連れてきて、「ココ椰子の枝」という意味のハイヌウェレという名前をつけ、自分の娘にしました。ハイヌウェレは三日後にはもう、妙齢の乙女になりました。そして身体から大便として、さまざまな貴重な宝物を出したので、アメタはたちまちとても富裕になりました。＊

　そのうちに祖先たちがみんなで、マロという踊りをすることになりました。この踊りは九日のあいだ毎晩、場所を変えて徹夜でするのですが、その二晩目からハイヌウェレはみんなに、自分の身体から大便として出した宝物を、気前よくどんどん配ることを始めたのです。それでみんなは、大喜びして毎夜ハイヌウェレのところに殺到しては、宝物を争ってもらうことを続けていました。ところがそうしているうちに、こんなにすばらしい宝物をいくらでも出せるハ

＊このように大便をすると、それがとても高価な宝物になったということは、日本の昔話の中で、山姥《やまうば》についても物語られています。山姥と言えば、山奥に住んでいる鬼婆の姿をしたこわい妖怪で、人間を取って食べてしまうとも言われています。ところが岩手県で語られた昔話では、その山姥があるとき、娘が一人で留守番をしながら機織りをしている家にやってきて、たくさんの御飯を炊かせ、おにぎりを山のようにどっさりこしらえさせました。そして髪をほどくと、頭のてっぺんに大きな口があんぐりと開いていて、その中へどんどん投げこんで、たちまちそのおにぎりをすっかりぺろっと食べ尽してしまいました。それから山姥は、そこに大便をべたべたと山のようにたれ、「娘々、おれが帰ったあとでこれを川でよく洗ってみろ」と言って、山へ帰って行きました。娘

イヌウェレのことが、がまんできないほどうらやましくなり、しまいにはもう憎らしくてたまらなく思えてきたのです。そこでとうとうみんなは相談をして、ハイヌウェレを殺すことに決めました。

そのために祖先たちは、最後の九日目の晩の踊りをする場所に、前もって深い穴を掘っておきました。そして輪を作って踊りながら、ハイヌウェレを囲み押して行って、穴の底に突き落とし、上から土をかけてその上をみんなで踊りながら、すっかり踏み固めてしまいました。

夜が明けて踊りが終わっても、ハイヌウェレが家に帰ってこなかったので、アメタにはすぐに娘が殺されたことが分かりました。そこで彼は占いをして、彼女の死骸のある場所を見つけ、土の中から掘り出しました。それから彼は、死体をたくさんの破片に切り刻んで、その一つ一つを別々の場所に分けて埋めました。そうするとそのハイヌウェレの死体のいろいろな部分が、それぞれ土の中で種類の違う芋に変りました。そしてそのおかげで人間は、それらの芋を作物にして畑に植え、その収穫を食べて生きて行くことができるよ

が言われた通り、その大便をざるに入れ、川へ持って行ってよくもんで洗うと、とても美しい錦の布になって川下まで長く長くなびいたと言われています。

うになったのだというのです。*

　この神話はだれでもすぐに気がつくように、前回までに見てきた日本の神話の中の農業の始まりを説明している話と、本当にびっくりするほどよく似ています。なぜならまず、この話の主人公のハイヌウェレは、生きていたときには身体から大便として、さまざまな宝物を無尽蔵に排泄することができたと言われています。これは日本の神話で、オホゲツヒメが鼻と口とお尻から取り出し、ウケモチは口から吐き出して、美味しい御馳走をいくらでも出せたとされているのとよく似ています。

　ハイヌウェレはそれから、そのようにして身体から出した宝物を、気前よく人々に分けてやった。ところがそのようにしたことでかえって人々に憎まれ、しまいについに殺されてしまったと物語られています。これもオホゲツヒメとウケモチが、身体から出した御馳走を気前よく他の神さまに食べさせようとしたところが、そのやり方が汚ないと思い憤慨したその神さまによって、殺されてしまったとされているのと、とてもよく似た話です。またハイヌウェレの死体

*ハイヌウェレの身体が、芋に変ったのですから、その芋を食べることで人間は、ハイヌウェレを食べ続けていることになります。この神話の一つの形ではそのことが、こんな風にろこつに物語られています。

　ハイヌウェレの親たちは、泣きながら方々探し回った末に、ようやく彼女が生き埋めにされた場所を、見つけました。そしてそこから死体を掘り出すと、彼らはそれを持って、こう言いながら家々をまわって歩きました。

「おまえたちは、彼女を殺した。だからこれからはおまえたちは、彼女を食べなければならない」。

マロ踊りをしているウェマーレ族の人たち（現地調査に同行した画家アルベルト・ハーンの絵）

は、いろいろな部分がそれぞれ種類の違う芋に変り、それによってそれらの芋を作物として畑で栽培することができるようになったと言われています。これは日本の神話で、オホゲツヒメとウケモチの死体のいろいろな部分から、五穀やカイコなどが発生し、それによって農業が始まったと物語られているのと、もうほとんどそっくりだと言ってもいいでしょう。

ただハイヌウェレが生きていたとき、大便として身体から出していたものは、食物ではなく宝物だったとされているので、その点ではこのインドネシアの神話は、日本の神話のオホゲツヒメやウケモチの話と、ちょっとだけ違っているようにも思えます。だがセラム島のウェマーレ族のあいだでは、やはり作物の始まりを説明した神話で、その点がオホゲツヒメやウケモチの話とそっくりな話も、語られているのです。それは芋ではなく、いろいろな種類の椰子の樹がどうしてこの世の中に発生したのかを物語っている、次のような話です。

むかしライという名前のお婆さんが、パレアという名の孫息子といっしょに暮らしていました。パレアはお婆さんから毎日、とても美味しいお粥《かゆ》を食べさせてもらっていましたが、そのお粥をどうやってライが作っているのかは知りませんでした。なぜならライはいつも、パレアを家の外に出て行かせてから、料理をしていたからです。

そのうちにパレアは、お婆さんがどうやって料理をしているのか、どうしても知りたくてたまらなくなりました。それである日のこと彼は、外に行くふりをしてこっそり家の裏に隠れていて、ライがしていることをのぞき見していました。するとライはなんと、自分の身体から垢をかき取って、それを材料にしてパレアに食べさせるお粥を作っていたのです。*

やがて料理ができあがり、ライはいつものようにパレアを家に呼び入れて、食べさせようとしました。だが、パレアは、「お婆さんのしていることを見てしまったので、こんな汚ないものはもう食べられない」と言って、お粥に手をつけようとしませんでした。そうするとライは、こう彼に言ったのです。

*日本の昔話の一つに、「姥皮」という話があります。姥皮というのは山姥が大切に持っている宝物で、この話では人間の娘が山姥からこの宝物を授かり、そのおかげで幸福な結婚ができたことが語られています。この姥皮は、娘がそれを着たりかぶったりすると、たちまちきたないお婆さんの姿になれたと言われています。そしていくつかの話では、この皮から何でも欲しいものが出てきたとも言われているのです。姥皮というのですから、この不思議な宝物は、実は山姥自身の皮だと思えます。つまりこの話では、山姥が自分の皮からどんな財宝でも出せる力を持っていることが語られているわけで、これはウェマーレ族の神話でやはりお婆さんのライが、皮から出てくる垢として美味しい御馳走を出せたと語られているのと、よく似たところがあると思えます。

「おまえがわたしのしていたことを見てしまって、このお粥がもう食べられないと言うのなら、しかたがないから家から出てお行き。だが三日たったら、帰ってきて家の下を見てごらん。そこに何かが、見つかるだろうから」

パレアはそれで言われた通り家から出て行ったのですが、それがお婆さんとの永遠の別れになったのです。三日後に彼が帰ってきて家の下を見てみると、そこにはびんろう樹とココ椰子の樹が一本ずつと、何本かのサゴ椰子の樹が生えていました。それらの樹は、ライが死んでその死体から生えたものだったのです。びんろう樹は死体の頭から、ココ椰子は陰部から、サゴ椰子は胴体から生えていたのです。

このように日本の神話のオホゲツヒメやウケモチの神話とほとんどそっくりと言っていいほどよく似た、作物の始まりを説明した神話が見つかるのは、実はセラム島だけではないのです。そっくりな話は、インドネシアだけでなく、もっと東のメラネシアやポリネシアの島の原住民たちのあいだにも広がっています。またそれよりもさらに東のアメリカ大陸の原住民のあいだでも、びっくりするほどよく似た話が見つかっています。たとえばミシシッピ河の下流域に住んでいた、ナチェズ族のあいだには、こんな神話が伝えられていました。

むかし一人の女の人が、二人の少女といっしょに暮らしていました。食べるものがなくなるとこの女の人はいつも、両手に一つずつ籠を持ってある小屋の中に入って行き、じきに籠を二つともいっぱいにして出てきました。そしてその籠の中のものを材料にして、美味しい料理を作り、少女たちに食べさせていました。

ところがあるとき、少女たちが小屋の中をのぞいてみると、からっぽでどこにも食物などありはしませんでした。それで不思議に思った少女たちは、次に女の人がまたいつものように籠を持って小屋に入ったとき、壁の割れ目からこっそり、中の様子をのぞき見していました。そうすると女の人はまず、一方の籠を床の上に置くと、その上に股を開いて立ち、身体をこすったりゆすぶったりしました。たちまちがさがさと何かが落ちる音がして、籠はあっというまにトウモロコシでいっぱいになりました。それから次に、別の籠の上で同じことをすると、同じようにして今度はその籠が、豆でいっぱいになりました。

これを見た少女たちは、顔を見合わせてこう言い合いました。

「あんな汚ないものを食べるのは、もうぜったいによしましょう。あの女の人はあそこで大便をしては、それをわたしたちに食べさせていたのだから」

食事のときになって、少女たちが料理をいやがって食べないのを見て、女の人は食物を身体から出すところをのぞき見されてしまったことを知り、こう言いました。

「これが汚なく思えて食べられないのなら、しかたがないからわたしを殺して、死体を燃やしなさい。そうすれば、夏になるときっとその場所から、いろいろなものが生えてくるから、それをみんな畑に植えなさい。実が熟すとどれも美味しい食物になって、おまえたちはこれからは、それを食べて生きて行くことができるでしょう」

少女たちが言われた通りにすると、その女の人の死体を焼いた場

＊インドネシアのマレー半島には、やはり稲の起源を物語ったこんな神話もあります。
最初の人間の祖先は、アダムとハワという名前の夫婦で、二人の息子と二人の娘を持ってい

所の地面から、夏になるとトウモロコシと豆とカボチャが生え、このようにしてこれらが、人間たちに栽培される作物になったのだというのです。

作物の始まりがこのような神話で説明されているところでは、アメリカ大陸でもまたインドネシアやメラネシア、ポリネシアなどでもどこでも、人間が栽培し食べている作物はそれ自体が、尊い神さまだと考えられています。なぜならば生きていたあいだ自分の身体から食物や宝物を出してくれていた本当に有難い女神さまが、殺されて作物になったのだと信じられているからで、作物を栽培し食べることで人間は今でも、その女神さまの身体に養ってもらうことを続けていることになるからです。

たとえばインドネシアの西ジャワの神話では、土地の人々の主食の稲は、大昔に他のいくつかの作物と共に、殺されて土に埋められたスリという女神さまの死体から生えて出たものだと物語られています。それでこの地方では、稲はサンギアン・スリと呼ばれ、「聖なる女神さま」として尊ばれているということです。*

ました。ところがそのころまだ地上には、人間の食べるものが十分には無かったのです。

アダムはそこであるとき、神さまの命令に従って、息子と娘の一人ずつを野原に連れて行って殺しました。そして死体をばらばらに切りきざんで、地面にばらまいたのです。

それから六か月たってアダムは妻に、「いなくなった子どもたちに、会いに行こう」と言って、野原につれて行きました。そして「息子、娘、家に帰っておいで」と、呼んだのです。

そうすると平原にいっぱい実っていた、黄金色の稲の実が、たちまち魂のある生きものになって、蜂の群れのようにブンブン音をたてて飛んで来て、アダムとハワの家の中に入りこんで来ました。それで人間は、稲を尊い魂を持つものとして、大切に敬いながら、それを食べて生きて行けることになったのです。

わが国でも稲をはじめとする作物はどこでも、尊い神さまとして取り扱われて崇《あが》められてきたのです。たとえば奄美大島で最近まで稲が受けていた取り扱われ方は、次のようなものだったという報告があります。

「稲は食物としてではなく霊的なものとして取り扱われ、稲ガナシ、ニヰダマサマ（稲の御霊様）という尊称で、特別に高倉を作って、そこにおとも申し上げるという稲積みがあった。高倉には一荷ずつかぎに引っかけて倉に上げ、ゆわえてある根本をへし折って、稲穂と稲穂を両側から交互に積んだ」

このように稲を神さまとして崇める信仰は、前章にも取りあげた石川県の奥能登地方のアエノコトの祭りには、今でも実にはっきりと見ることができます。なぜならこの祭りでは前回に見たように、収穫のすんだ田から田の神さまが家に迎えられ、一年の田での非常な労苦に感謝するためのもてなしを受けるのですが、その田の神さまの御神体になるのは、翌年に苗代に蒔く種籾の俵だからです。

この種俵の前に家の主人は、真心をこめて準備した御馳走やお酒

アエノコトの祭りで、田の神に御馳走の説明をする家の主人

などをお供えします。そして「さあおあがり下さいまし、何もかも鎌鍬で作ったものは、たくさんございまっさかい、ゆっくりなとおあがり下さい、これは御飯でございます、これはお汁でございます、豆腐も入っておりますし、蕪も入っております」とか、「これはなかなかようできた、甘い酒でございます、ごゆっくりおあがり下さいまし」などと言って、一品一品を丁寧に神さまに説明しながらすすめるのです。* 家によっては、食事の前に田の神さまをお風呂に案内するときにも、種俵をかかえて湯殿まで運んで行くところもあると報告されています。そしてその種俵を、主人が抱くようにしてお湯の中に入れたり、手拭いで背中を洗い流すようなかっこうをしたりするのだそうです

つまりこの祭りでは、次の年の種になる稲が、田で苦労し人間といっしょに働いて、食物の稲を身体から出してくれる神さまとしてお祭りされ崇められていると思われるわけです。農業はこのようにわが国では、作物そのものを、その身体で人間を養ってくれる有難い神さまとして、祭場である田や畑にお迎えして祭る行事だったの

*このお祭りで家の主人が、田の神さまにこんな風にていねいに、御馳走などの説明をするのはなぜかと言えば、それは田の神さまが春から田んぼで働いてくださったあいだに、目を痛めてしまわれ、片目になっていられるからだとも、また両方の目とも見えなくなっていられるためだとも、言われています。

です。そしてその行事の中で人間は、神さまが人間の生活に必要な食物を出してくれる労苦に、感謝しながら一生懸命に協力してきたのです。だからそのようにして田や畑にできるものを食べる日々の食事も、わが国ではもとはとうぜん、神さまを尊び感謝しながら自分の内にお迎えする、敬虔《けいけん》な儀式でもあったと思われるのです。

その四

日本の昔話と神話がなぜ似通っているか

「見るなの座敷」という昔話があります。日本の各地で語られてきた話の一つなので、ごぞんじの方が多いでしょう。鹿児島県の徳之島ではこの話は、こんな風に語られているのだそうです。

むかし、一人っ子でちょっとわがままなところのある若者がいました。でも真面目な美青年だったので、妻になりたがる娘が大勢いて、親たちも早く身を固めるようにすすめていたのですが、言うことを聞かず、独身のままでいました。

親たちはしまいに、嫁を選んできて、むりに結婚させようとしました。そうすると若者は、「妻は自分で探しますから、もうかまわないでください」と言って、家を出て行ってしまいました。妻のことで親にいろいろ言われるのが、もうほとほといやになって、山奥に行って一人で暮らそうと思ったのです。

＊島根県の邇摩郡には、こんな伝説があります。

前には、ヨコウツ山の岩屋に山姥が、山の主《ぬし》になって住んでいました。そのころその付近では、機に糸をかけて出て行ってもどってみると、それがちゃん山の奥にどんどん入って行くうちに、日が暮れてきました。野宿しようと思ったのですが、遠くに燈火の光が見えます。

「こんな山奥に、人が住んでいるのは、不思議なことだが、家があるのなら、木の下に寝るよりは、泊めてもらった方がよいだろう」

こう思って行ってみますと、大きくて立派な家があり、中をのぞくと、びっくりするほどきれいな女の人が、せっせと機織りをしていました。

「ごめんください」と声をかけると、その女の人が愛想よく立ってきて、「何かご用ですか」と鈴をふるわすような声で優しく聞いてくれたので、「道に迷って難儀をしているので、今晩一晩だけ泊めてもらえませんか」と、たのんでみました。そうすると女の人は、「それはお困りでしょう。こんなむさくるしいところでもおよろしければ、どうぞお泊まりになってください」と言って、家に招き入れてくれ、たくさんのご馳走をどんどん出してきて、食べるようすすめてくれました。*

見れば、魚という魚、野菜という野菜が、山のようにどっさり使

と木綿の布に織り上がっていたり、種をまかないのに大根とかゴボウなどの野菜が自然に生えてできてしまうことが、よくありました。

ところが土地の人たちは、この山姥のことを気味が悪いと思って、みんなで鎌やなぎなたを持って行って追い払い、二度と帰ってこれぬように、岩屋に大きな石を投げこんで、ふさいでしまいました。

山姥は、サンべという山に移り住んだと言われています。そうすると今度は、その付近で、ワサビとかゴボウなどが、種をまかなくても、いくらでもできるようになったということです。

つまり、この昔話の主人公の女の人と同じように山姥も、山に一人で住んでいて、食べものなどをいくらでも出す、不思議な力を持っていると、言い伝えられているのです。

ってあります。「こんな山奥で、どうしてこんなすごいご馳走が出せるのだろうか」と、不思議に思ったのですが、そんな失礼なことを聞くわけにもいかず、ともかくその晩は、生まれてはじめてのぜいたくなご馳走を食べ、夢のように心地よい一夜を過ごすことができました。

朝になってお礼を言って、出て行こうとすると、女の人は、「せっかくいらしたのですから、もう二、三日どうかゆっくりしていらっしゃい」と、言ってくれました。それでその家がすっかり気に入った若者は、「急ぐ用事もないのだから」と思って、言われた通りにしました。そしてそれから二、三日して、出て行こうとするとまた引き止められ、そんなことをくり返しているうちに、けっきょく女の人と夫婦になって、いつのまにかその山奥の不思議な家で、四、五年も暮らしてしまいました。

そのあいだ女の人は、毎日ただせっせと機織りをしているだけで、織った布をどこへも売りに行くわけでもなく、買いものにも行きません。それなのに、食事のときになると、いつも山奥にはあるはずのない魚や野菜などをふんだんに使ったすばらしいご馳走が、山のように出てきます。若者はいつも、そのことを不思議に思っていました。だがもともと一人っ子でわがままに育っていたので、働かずに女の人にぜいたくな暮らしをさせてもらって、すっかり満足していました。

そのうちにあるとき女の人が、「用事ができて、故郷の村に行ってこなければならなくなりました。七日ほど留守をしますので、そのあいだ、ご自分でお食事を作って召し上がってください。そのための野菜や魚やお米などは、どっさり出しておきましたから」と、言いました。若者が、「いいよ」と言って承知をすると、女の人は出かける前に、急に真面目な顔になってこう言いました。

「あなたに一つだけ、お願いせねばならぬことがあります。どうか、私がいつも機を織っているあの部屋の左右と奥のふすまは、どんなことがあっても、けっしてお開けにはならないでください。もし開ければ、あなたと夫婦でいることが、できなくなるのですから」

若者はそこで、そのことを固く約束して、妻を送り出しました。

だが見てはいけないと言われると、かえって見たくてたまらなくなるものです。最初の日と二日目はそれでも、妻とした約束を守って、がまんしていたのですが、三日目には、もうどうにもがまんができなくなりました。それで、「ほんのちょっとだけ開けてみて、あとでちゃんとしめておけばよいだろう」と思って、部屋に入って行き、まず右のふすまを開けてみました。そうするとなんとそこには、広い海があって、ありとあらゆる種類の魚が泳いでいました。びっくりぎょうてんしながら、次に左のふすまを開けると、畑が広がっていて、あらゆる種類の野菜がどっさり植えてありました。それから奥のふすまを開けてみると、お米や豆などが、山のようにどっさり積んでありました。*

「山奥にいながら、魚でも野菜でも米でもいくらでもあるので、不思議だと思っていたのだが、これでようやくわけがわかった。それにしても妻は、やはりただの人間の女の人ではなかったのだなあ」

こう思って感心をした若者は、ふすまをもと通りにちゃんとしめ、知らないふりをしていました。そうすると出かけてからちょうど七

*高知県の土佐郡には、こんな伝説があります。

土佐山村に、山姥の滝というところがあります。その近くのヒエを植えた畑で、あるときとつぜん、一本の茎に二つずつ豊かな穂が実るようになり、その穂を刈り取ると、あとにまたすぐ二つ穂が実ったので、何年かたつとこの畑の持ち主は、とても裕福な暮らしができるようになりました。ところがあるときこの畑に火をつけて燃やしたところが、山姥が火に焼かれ火傷を負いながら、衣の裾を引くようにして飛び去って行くのが見え、そのあとその家はたちまち貧乏になり亡びてしまったということです。

この伝説でも山姥はやはり、食物をどんどんと生え出させる不思議な力を持っているとされています。

日すると妻が帰ってきて、「親たちにあなたと夫婦になったことも話し、許しをもらってきました」と、嬉しそうに土産話をしていたのですが、そのうちにふいに顔色を変えてこう言いました。

「あなたは、とんでもないことをなさいましたね。あれほど固く、けっして開けないと約束なさったのに、なぜふすまを開けたのですか」

若者があわてて、「いや、私は約束を守って、ふすまにさわってもいないよ」と、嘘を言うと、妻はなきながら、「そんなごまかしをおっしゃっても、私をだますことはできません。あなたがなさったことのせいでどうなったか、もう一度ふすまを開けてよくごらんなさい」と、言いました。それでおそるおそる右のふすまを開けてみると、海も魚もなくなってただ山の景色があるだけでした。左のふすまを開けると、そこにあった野菜畑もなくなっていて、奥のふすまを開けると、そこにあんなにどっさりあったお米や豆なども、すっかりなくなっていました。

「今ごらんになったように、ここにはもう食べるものもなくなって、あなたとの暮らしを続けて行くことも、できなくなりました」

妻にこう言われた若者は、「これからは私が働いて、不自由のない暮らしをさせるから、どうか今まで通り夫婦でいておくれ」と言って、一生懸命にかきくどきました。だがどうしても、妻の心を変えることはできませんでした。そのうちに夜になって、若者がつかれて、ほんのちょっとのまだけまどろんだかなと思って、目を覚ますと、妻がまっ白な長い衣をひらひらさせながら、天へ飛んで行くのが見えました。そしてそのまま、若者が待っていても、もう二度と戻ってくることはなかったということです。

この昔話に出てくる不思議な女の人には、これまで私たちが意味をいろいろ考えてきた、『古事記』と『日本書紀』の神話の主人公の食物の主の女神さまたちと、とてもよく似たところがあるように思えます。なぜならまずこの女の人は、人里から遠く離れた何もないはずのところに、たった一人で暮らしていながら、あらゆる種類のご馳走をいくらでも出すことができた。そしてそのご馳走を、家にやって来た若者に、気前よくどんどん食べさせたと言われています。

これはオオゲツヒメとウケモチがどちらも、身体からさまざまなご馳走を出すことができ、そのご馳走を、自分たちのところに訪ねて来た神さまに、気前よく食べさせようとしたと言われているのと、よく似ています。

しかもこの女の人は、自分がいつも機織りをしていた場所の右側に海を持っていて、そこにいろいろな魚を出し、左側には畑を持っていて、そこにさまざまな野菜を出し、奥にはお米や豆などを、出していたと言われています。つまり三つの方向に、それぞれ種類のちがう食べものを出していたとされているので、これは『日本書紀』の神話の中で、ウケモチがしたと語られていることと、本当にびっくりするほど、よく似ています。

なぜなら訪ねてきたツクヨミの命をもてなそうとして、この女神さまはまず、顔を国の方に向けてご飯を口から吐き出しました。それから海の方に向いて、いろいろな魚を吐き出し、また山の方に向いて、いろいろな鳥や獣を吐き出して、それらを美味しく料理し、山のように盛り上げて、ツクヨミに食べさせようとしたと、言われているからです。
その上またこの女の人はこのようにして、ありとあらゆる食物を自分のまわりにどんどん出すのと同時に、せっせと機織りにいそしんでいたとも言われています。つまり布もどんどん出していたわけで、その点でもやはり、オホゲツヒメやウケモチと似たところがあると感じられます。なぜなら二人の女神さまたちはどちらも、死ぬと死体から稲をはじめとする田畑の作物のほかに、カイコも発生したと物語られています。つまり布の原料となる絹糸を出すカイコも、神話ではやはり、もとはこの女神さまたちの身体から出て来たことになっているからです。*

それから最後にこの女の人は、自分が食べものを出しているやり方を、夫になった若者に見られてしまうと、すぐに結婚を解消し、地上からいなくなってしまわねばならなかったとされています。これもウケモチとオホゲツヒメがどちらも、訪ねてきた神さまに食物を出しているところを見られた。そしてそのために死なねばならぬことになったと、神話に物語られているのと、とてもよく似ている

＊香川県の坂出市で語られた昔話には、こんな話があります。
昔、親子の漁師が夜に漁をすませて、浜で火を焚いて休んでいると、山から一人のお婆さんが降りて来て、「寒いので、火に当たらせておくれ」と、言いました。親子は、「どうぞ」と言って、当たらせてやったのですが、そのうちに父の方が、山姥であることに気がつきました。そして「鯛を上げよう」と言って山姥をだまして、子どもを船に乗りこませ、自分は海に飛びこんで船のとも綱を切り、沖に逃げて行こうとしました。そうすると山姥は、「だましたなあ」と言って、大きな乳を出し、それからシュウッと綱のように丈夫な糸をしぼり出して、船を自分の方にたぐりよせようとしました。船は大ゆれにゆれながら、山姥の方へ寄って行ったのですが、もう少しで手のとどくところま

ように思えます。
「見るなの座敷」の昔話には、このほかにもまだ、神話と似ていると思えるところが、いろいろあります。その一つに主人公の女の人が、多くの話では、正体がウグイスだったと物語られているということがあります。新潟県の長岡市に伝わる話では、そのことがこう語られています。

むかし、一人のきこりが山で仕事にむちゅうになっているうちに、日が暮れてまっくらになってしまいました。どこかに野宿しようかと思ったのですが、ふと見ると不思議なことに大きな家がありました。それでそこへ行って、「今晩一晩、泊めてください」と言うと、美しい娘が出てきて、「この家には私一人しかいないのですが、それでよかったら、どうぞお泊まりなさい」と言って、泊めてくれた上に、さまざまなご馳走を出して、もてなしてくれました。そのご馳走があまり美味しくて、居心地がよいので、きこりは家に帰ることも忘れて、何日もそこに泊まり続けてしまいました。

ある日のこと娘が、「今日は用があって出かけるので、あなたはど

で行ったときに、父が庖丁でその乳の糸をこすって切ったので、親子はようやく命拾いができたということです。

つまりこの話では山姥にも、自分の身体から糸をいくらでも出す力があったことになっているわけです。

うかるすいをしてください」と、言いました。「ああ、よし、よし」と言って、引き受けると、娘は出て行く前にこう言いました。

「家にあるたんすの上の三つのひき出しは、あけてごらんになってもよいのですが、いちばん下のひき出しだけは、どうかぜったいにあけないでください」

それで娘がいなくなると、きこりは好奇心にかられて、さっそく見てもよいと言われた三つのひき出しを、あけてみました。そうするとどれも中に、広い田んぼがあって、一番目のひき出しには、春に田打ちをしている景色が、二番目のひき出しには、苗代のできている景色が、三番目のひき出しには、田植えをしている景色が入っていました。不思議に思ったきこりが、見てはならぬと言われた四番目のひき出しの中には、いったい何があるのか、どうしても知りたくてたまらなくなって、あけてみますと、そこには広い田んぼ一面に稲穂の実っている、秋の景色がありました。

きこりはそれから、ひき出しをしめて、知らん顔をしていました。そうするとやがて、娘が帰ってきて、泣きながら、「あれほどあけて見ないでくださいと頼んだのに、見たのですね」と言ったかと思うと、ウグイスになって飛んで行ってしまいました。きこりがあたりを見まわすと、さっきまであった大きな家もいつのまにかなくなって、自分はススキの生い茂った原の中にいました。

正体がこのように、ウグイスだったとされている点では、この昔話の主人公の女の人は、神話に出てくるウムガヒヒメという女神さまと、似たところがあるように思えます。ウムガヒというのは、貝のハマグリのことです。この女神は『古事記』では、オホクニヌシの命《みこと》を主人公にする神話の中に、キサガヒヒメという女神さまといっしょに出てきます。キサガヒというのは、赤貝です。

オホクニヌシには、八十神《やそがみ》と呼ばれる、自分と母親のちがう大勢の意地悪な兄弟の神さまたちがいました。あるとき彼らは、オホクニヌシを山のふもとに連れて行って、こうきびしく命令しました。

「今からこの山にいる赤い猪を、ここに追い降ろすから、待っていてつかまえろ。もし逃がせば、お前を殺してしまうぞ」

それから彼らは、猪とそっくりな形の大きな石を、まっ赤な焼け

オホクニヌシを治療して生き返らせている、キサガヒヒメとウムガヒヒメを描いた青木繁の名画（「大国主命」）

石にして、山の上から転がし落しました。オホクニヌシは、それを猪だと思って、捕えようとして、身体中にひどい火傷をして死んでしまいました。

そのことを知った、オホクニヌシの母の女神さまのサシクニワカヒメは、泣きながら天に昇って行きました。そしてオホゲツヒメの神話にも出てきた、あの偉い神さまのカムムスヒに、どうか息子の生命を助けてくださいとお願いしました。そこでカムムスヒは、二柱の貝の女神たちに、オホクニヌシを生き返らせてやりなさいと命令しました。それでキサガヒヒメが赤貝の汁を出し、それをウムガヒヒメが、ハマグリの貝殻の中に受けて塗ってやると、オホクニヌシは火傷が跡も残らずに治って、前通りの美男子になって生き返り、元気に歩き出したと言われています。*

ところがこの貝の女神のウムガヒヒメは、『出雲国風土記』に書かれた神話では、正体が法吉鳥《ほきどり》とも呼ばれたウグイスだったことになっているのです。出雲にあった法吉の郷という土地の名は、この女神がそこに法吉鳥の姿で飛んできて、鎮座したので付けられたのだ

*この話は『古事記』に、こう書かれています。

かれここに八十神忿《いか》りて、大穴牟遅《おほあなむち》（オホクニヌシの別名）の神を殺さむとあひ議《はか》りて、伯岐《ははき》の国の手間《てま》の山本に至りて云はく、「この山に赤猪《あかゐ》あり、かれ我どち追ひ下《くだ》しなば、汝待ち取れ。もし待ち取らずば、かならず汝を殺さむ」といひて、火もちて猪に似たる大石を焼きて、転し落しき。ここに追ひ下し取る時に、すなはちその石に焼き著《つ》かえて死《う》せたまひき。ここにその御祖《みおや》の命哭き患へて、天にまゐ上りて、神産巣日《かむむすひ》の命に請《まを》したまふ時に、𧏛貝比売《きさがひひめ》と蛤貝比売《うむがひひめ》とを遣りて、作り活かさしめたまひき。ここに𧏛貝比売きさげ集めて、蛤貝比売待ち承《う》けて、母の乳汁《ちしる》を塗りしかば、麗しき壮夫《をとこ》になりて出で遊行《ある》きき。

**このことは『出雲国風土記』に、「神魂《かむむすひ》の命の御子

と語られています。** 昔話と神話になぜ、こんなに似たところがいろいろあるのか、そのわけは次の章でもっとよく、考えてみることにしましょう。

宇《う》武《む》賀《が》比《ひ》比《ひ》売《め》の命、法吉鳥と化《な》りてこの処に静り坐しき。故《かれ》、法吉といふ」と書かれています。

その五

山の神の
神秘に寄せる
あこがれの感情

前章にも取り上げた「見るなの座敷」の昔話*は、新潟県の西蒲原《にしかんばら》郡では、こんなふうに語られています。

むかしあるところに木《こ》びきと言って、山から材木を取ってくることを仕事にしている男の人がいて、その仕事に毎日はげんでいました。ある日のこと、この木びきが自分の仕事場にしている山の中の小屋にいると、そこにはっとするほどきれいな娘さんがやってきました。

「ああ、こんな人をお嫁さんにできたらよいのだが」

木びきがそう思っていると、その娘さんがにこにこ笑いかけながら、「どうかちょっとのあいだ、ここで休ませてください」とたのむではありませんか。木びきは喜んで、「どうぞ、どうぞ、さあゆっくり、休んでください」と言って、娘さんを小屋の中に迎え入れまし

*香川県の丸亀市で語られたこの昔話には、こんな話もあります。

昔、旅人が道に迷って困っていると日が暮れてしまった。向うを見ると燈が見えるので歩いて行くと、大きな屋敷があり、まわりは梅の樹が植えてあった。中から一人の美しい娘が出て来たので宿を求めると、娘は色々のもてなしをしてくれ、翌朝になって、ちょっと用事があって外へ出てくるから、貴方は退屈になったらこの鍵で倉の中を御覧下さいと言って鍵を渡したが、倉は二つあるから後の倉はどんなことがあっても見てはならぬと言って、何処へともなく出て

た。そしてしばらく二人で、あれこれと話をしていたのですが、そのうちに娘さんは、「もしおいやでなければ、どうかわたしのむこになってください」と、言いました。

木びきは夢ではないかと思いながら、もう本当にうちょうてんになって、いそいそと承知しました。そうすると娘さんは、「では、わたしについていらっしゃい」と言うと、小屋を出て、どんどん山奥へ入って行きます。木びきは、のこぎりと斧をかついで、あとに従って行きました。

もうずいぶん遠くまで来たと思って、木びきが、「あなたの住んでいるところは、まだ遠いのですか」とたずねると、娘さんは、「まだまだ、あの向こうの山のずっと奥です」と、答えます。こんな問答を何度かくり返しながら、いくつもの山を越えて行くうちに、やっと奥山の沢のようなところに着きました。見るとそこにはなんと、でんとしたびっくりするほどりっぱな家がありました。中に入ると、鉄びんのお湯もチンチンと音をたてていて、おふろもちょうどよいお湯かげんにわいていました。

行った。旅人は家の裏に行くと倉があるので扉を開けて見ると、今を盛りと桜の花が咲き、その下にれんげやたんぽぽが風に吹かれ、蝶もあちらこちらに飛んでいた。これは不思議だと思い、どうしても見たくてたまらなくなって、後の倉の扉を開くと、真白に雪の降り積もった景色の中で、ウグイスがホーホケキョと啼いている。あわてて扉を閉めて何食わぬ顔でいると、娘が帰って来て、何故二つ目の倉を見たかと咎め、ふっと娘の姿が消えたかと思うと、鶯が一羽すっと飛んで行くのが見えた。そして旅人は広い野原の中に、一人で坐っていた。

木びきはそれで、娘さんと夫婦になって、その家で暮らしました。そうするとそこでは働かなくても、美味しいご馳走がどんどん出てきます。夢のような幸せな月日を過ごしているうちに、子どもが生まれました。そうするとある日、妻がこう言いました。

「生まれた子の顔を親に見せてやりたいので、実家に行って来ますから、あなたはるすいをしてください。この家には、一月から十二月までの座敷があります。十一月までの座敷は、自由にごらんになってよいのですが、十二月の座敷だけは、どうかけっして見ないでください」

木びきはそこで、そのことを固く約束して妻を送り出してやりました。だがるすいをしているうちに、見てもよいと言われた十一月までの座敷は、見たいとは思わないのに、見るなと言われた十二月の座敷に、いったい何があるのか、見たくてどうにもたまらなくなりました。それでちょっと見るだけと思い、中をのぞいてみると、鏡があって、その前に鉄びんのお湯がチンチンとわいていて、美味しそうなご馳走がどっさりありました。

木びきはそこで、そのご馳走をすっかり食べてしまって、知らん顔をしていました。そうすると、そこへ妻がもどって来て、泣きながらこう言いました。

「あれほど見るなと、固くたのんでおいたのに、なぜあなたは、十二月の座敷を見たのですか。あの座敷は、山の神さまがお休みになられるところなのです。あなたとは、これでもうお別れしなければならなくなりました。この鏡を、ごらんなさい」

そして鏡を、木びきの顔の前にさし出しておいて、妻はあっというまに一羽のウグイスになり、尾の先に子どもをぶらさげて、どこかへ飛んで行ってしまいました。木びきが鏡を見ると、そこに映った自分はもう若者ではなく、腰のまがった白髪の老人になって、斧とのこぎりを持ち、もとの山小屋にいたということです。

この話でもこのように、「見るなの座敷」のある家は、人里から遠く離れた深い山の奥に隠れてあり、そこに美味しい食物をどんどん出すことのできる、正体がじつはウグイスの不思議な美女が、ひっそりと住んでいたことになっています。そしてこの話ではまた、その家に十二の座敷があって、その中に一月から十二月まで一年の十二の月がぜんぶしまわれていたようにも物語られています。*

「見るなの座敷」の昔話にはこのように、ウグイスの美女のいる山奥の家に行くと、そこではご馳走がどんどん出てくる上に、十二の月がぜんぶその家の中にあったとも、物語られていることが多いのです。福島県の福島市の昔話にも、そのことがこんなふうに語られています。

むかし一人の商人が、山道を旅していました。ぽかぽかと暖い春の日のことで、よい気持ちでぼんやり歩いているうちに、ふと気がつくと、いつのまにか山奥に迷いこんでしまっていました。

でもそのあたりは、美しい花が咲きみだれていて、小鳥の声も聞こえる、とてもここちのよいところだったので、どこかで一休みしようと思ってふと見ると、向こうになんとまありっぱな屋敷があるではありませんか。

びっくりしながらその前まで歩いて行ってみると、そこにまるで絵の中からぬけて出てきたようなそれは美しい娘さんが立ってい

*山形県の最上郡の昔話では、この十二の座敷のことが、こんな風に語られています。

こっそり次の間を開けて見たればな、お正月の座敷であったけど、床の間にはな、松竹梅を飾り、鏡餅だの海老だの、昆布だの橙だの上げったけど、そして子供《おぼこ》たちはみんな、赤い着物着て甘酒飲んでいたけど、それから次の間は二月の座敷でな、初午でな、お稲荷さんの赤い鳥居が並んで大勢お参りがあって、いろいろの玩具《おもちゃ》売る大道店でいっぱいだけど、その次の間はな、三月の座敷でお雛さんだけど、お内裏さんだの五人ばやすだの鳩ぽっぽだの狗子《いぬこ》だの馬子だのおもしろいもの尽しだじょうん、その次はな、四月の座敷でな、お釈迦さんだじょうん、花御堂あってな甘茶の中さ、おぼこのお釈迦さんが立ってござらしたけど、その次はな、五月の座敷

て、「旅のお方ですか、どうか休んでいらしてください」と言って、中に招き入れ、ご馳走をどっさり出してもてなしてくれました。見れば広い屋敷なのに、この娘さんのほかにはだれも人がいないようです。商人は不思議に思って、「あなたはいったいまた、どうしてこんなさびしい山奥で、一人暮らしをしているのですか」とたずねてみました。だが娘さんはただ、にこにこ笑うだけで返事をしません。そのうちに、「もしも急いでお帰りになるところがないのなら、ここでわたしといっしょに暮らしましょう」と言い出しました。

それで商人も承知をして、その屋敷で娘さんといっしょに暮らしてみると、三度の食事のたびに、白いご飯やら魚やら美味しいご馳走が、山のように出てきます。それでもう商売に出かけようとも思わずに、夢のように幸せな日々を過ごしていました。

そのうちにある日のこと、娘さんがこう言いました。

「用足しに行かねばならなくなったので、どうかるすいをしてください。この家には、十二の蔵があります。ほかの蔵はどれを開けて見てもよいのですが、ただ最後の十二番目の蔵の中だけは、どんな

でな、端午の節句でな、鯉幟《こいのぼ》りだの、鎧冑だの、武者人形だの飾って、笹巻きだの甘《うま》い子だのいっぱいあっけど、その次は六月の座敷で、歯堅めで氷餅食っていたけど、その次はな、七月の座敷でな、七夕さんで青竹さな、五色金銀の短冊《たんざく》つるして桃だの瓜だの供えてお星さんのお祭りだけど、その次はな、八月で月見の座敷だけど、団子だのすすきだの飾ってな、里芋のお汁《つけ》で酒飲みしていたけど、その次のな、九月の座敷は刈入れ時だから百姓たちは、てんてこ舞いの仕事だけど、その次はな、十月の座敷で、遠い山々は白い雪の頭巾かぶって、庭の木の葉は、ひらひらと風に吹っとばされていたけど、その次は霜月の恵比寿講《えびすこう》でな、鮭の魚《よ》はうんととれて、お振舞いだけど、その次は師走で、正月の仕度で、餅搗いたり、正月肴買ったりと、煤払《すすはき》すたりで、うんと急しいか

ことがあってもけっして見ないでください」

　商人はそこで、「わたしはこの家でただ昼寝をしているだけで幸せなのだから、そんな蔵の中など、けっして見はしないよ」と言って、娘さんを安心させて出て行かせてやりました。

　ところがさて、だれもいなくなってみると、広い家に一人ぽっちでいるうちに、だんだん退屈でたまらなくなってきました。「ほかにすることもないし、見てもよいと言われた蔵の中だけ、ちょっと見せてもらうことにしようか」

　そう思ってまず、一番目の蔵の戸を開けてみると、その中には門松が立ち、お正月の飾りつけがきれいにされて、にぎやかにお祝いをしている一月の景色がありました。びっくりしながら次に二番目の蔵を開けると、そこにはきれいな花の咲いた梅の枝に、ウグイスが来て鳴いていて、初午のお祭りをしている二月の景色がありました。三番目の蔵から十一番目の蔵まで、順に開けて行くと、中には田植えをしているところやら、稲刈りをしているところやら、三月から十一月までの景色が入っていました。


ら、子供《わらし》たちはみんな、邪魔にされて、部屋の炬燵《こたつ》さ入って昔かたりして遊んでいたけど。

　そしてそこでホーホケキョとウグイスの鳴く声が聞こえ、座敷を開けてみた男が、びっくりしてあたりを見まわすと、一面の野原の中にいたと言うのです。

さあそうなると、最後の十二番目の蔵の中には、いったいどんな景色があるのか、見たくてたまらなくなります。それでもしばらくは、「見るなとあれほどだのまれたのだから、見ないでおこう」と思って、がまんしていたのですが、しまいにとうとうこらえきれなくなって、「ほんのちょっとだけ」と思い、蔵の戸を開けてみました。

そうすると中では、見るからに可愛らしい一羽の鳥が、大きな巣の中にいて、せっせと巣作りをしていたのですが、蔵の戸が開くとたちまちそこから外へ飛び出して、どこかへ飛び去って行ってしまいました。

ふと気がつくと、りっぱな屋敷も無くなっていて、商人は前に道に迷った山の中にいました。里に降りて行ってみると、山に入ってからいつのまにか三年の月日がたっていました。そしてそれからはもう、山の中をいくら探しても、あの不思議な屋敷のあった場所を見つけることはできませんでした。そのあたりに住む人たちの話では、そこは「ウグイスの里」と言って、年に一度だけ春先のうららかな日に、山の中に現れることがあるのだということでした。

わが国の昔話にはいったいなぜ、山の奥深くにこんな不思議な屋敷が隠れてあり、そこに十二の月がぜんぶしまわれてあるなどということが、語られているのでしょうか。そしてまたいったいどうして、その屋敷には美味しい食物をいくらでも出す力を持った、正体がウグイスの美女が住んでいるなどと、言い伝えられてきたのでしょうか。

最初にあげた新潟県の昔話では、そのウグイスの美女が、自分のむこになった人間の男に、見ることを固く禁止した秘密の座敷は、山の神さまのお休みになるところだったと言われています。そしてだからその大切な聖所を、禁止に違反して開けて見た上に、中に入って荒すことまでしたふらちなその男は、ただそれまでの夢のような暮らしが続けられなくなっただけではなく、神罰を受けてたちどころに若さを失い、よぼよぼの老人にされてしまったのだとも、物語られています。

このことからよくわかるように、「見るなの座敷」の話はじつは、わが国の人たちが山の神さまについて持ち続けてきた信仰から生ま

*柳田国男は『年中行事覚書』という本の中で、このことをこう説明しています。

旧十月十日は日本の東半分に於て今でも可なり大切な日である。即ち田の神がこの一年の任務を終って、再び山に帰って山の神となりたまう日、ということになって居るのである。信州の人たちはよく知って居ると思うが、あの地方ではこの日をカガシアゲ、もしくはソメの年取りと謂って、ソメ即ち山田の案山子《かがし》を田から迎えて来て、屋敷の片隅の静かな場所で、又は

れた昔話なのです。前にわが国ではむかしはどこの土地でも、秋の収穫のあとで、それまで田で働いてくださった神さまを、家にお迎えし心のこもったおもてなしをして、春からの田での非常な労苦に感謝するお祭りがされていたことをお話しました。このお祭りがすむと田の神さまは、山に帰って行かれて、冬のあいだは山の神さまになるのだと、信じられていました。

　秋の終わりの晩に子どもたちが、わらの束や円い石で地面をたたいてまわる、遊びのような行事を今でもしているところが、方々にあります。亥《い》の子《こ》とか十日夜《とおかんや》と呼ばれているこの行事ももとは、田の神さまを山に送り帰すためのお祭りだったのです*。

　このようにしていったん山に帰って行かれた神さまは、春のはじめにはまた山から降りてこられて、それからまた秋までずっと、田の神さまになって、田からお米を出すために働いてくださるのだと、信じられていました。それでその時期には、むかしはやはりどこの土地でも、山の神さまを田にお迎えするためのお祭りを、いろいろなふうにしてやっていたのです。静岡県の焼津《やいず》市の関方というとこ

内庭に臼をすえて、焼餅を供え御祭をする風習が、つい近い頃まではあった。神は眼に見ることが出来ないから、この蓑笠を着て永い間、田の番をしてくれたものを、その代表者のつもりで歓待をするのであろう。こういう話を聴くと他の地方の人は珍しがるであろうが、この日を田の神の田から引揚げたまう日と考えて、餅を搗いて供え又自分たちも食べるという村ならば、全国を通じて数多く、神はその餅を蛙に背負わせて、山の方に帰って行かれると言ったり、あんまり飛ぶなよ、粉ンこが落ちるにと言われるそうだというような、子供が笑う話までがそちこちに残っている。そうしてその十日という日取りだけが、土地によって少しずつかわり、西日本の方は一帯に、現在は同じ月の亥の日を用い、農業保護の神の御名まで、亥の神さまということになって居るのである。

ろでは、今でもそのお祭りが二月八日に、こんなとても印象深いやりかたで、されているのだそうです。

　この関方の山の神さまのお祭りの場所は、高草山という五〇〇メートルほどの高さの山の中腹です。そこにがけになったところから、高さも幅も四メートルぐらいもある大きな岩が突き出ていて、そこが神さまのご座所になるのです。この大岩に、「山之神大権現」と書かれたのぼりを立てかけ、その下の洞になったところに、お餅やお赤飯やお神酒などをお供えして、一同が参拝してから、五メートルを越えるほどの長さの竹に、藤のつるを弦に張って作った大弓を、谷の方に向けて立てます。それからその前に二メートル半ほどの青竹で作った御幣を×字の形に交差させて立て、それを支えにしてこれも二メートルほどの青竹の矢を、弓につがえます。そうして「ヨイショ」という掛け声と共に、その矢を谷に向かって射るのです。そうすると山の神さまは、その矢に乗ってまず谷に下られ、そしてそこからは谷川の流れに乗って里に行かれて、田の神さまになられると、この土地の人たちは言っているということです。

長野県小海町の十日夜（萩原秀三郎氏撮影）

＊高知県の高知市に、こんな伝説があります。
　三谷に山姥田という田がある。昔、三谷の貧しい男が、この田を耕作していたが、毎年豊作で

わたしたち日本人はこのように、山の神さまがただ山で取れるものだけを、人間のために出して与えてくれるのだと思ってはいなかったのです。この本当に有り難い神さまは、山からわざわざ人間たちがそこで暮らしている里まで降りてきて、田で取れるお米をはじめとするあらゆる食物や、そのほか糸や布など人々の生活に必要なさまざまなものまで、その働きによって出してくれるのだと信じられてきたのです。*

それだからわたしたち日本人は、山の奥のどこか人がめったに近づけぬ隠れた場所に、この神さまがそこでお休みになるお屋敷があるのだろうと想像したのでしょう。そしてそこに行けばとうぜん、お米をはじめこの神さまが人間のためにいつも出してくれている美味しい食べものが、いくらでも出てくるはずだとも考えたのでしょう。

「見るなの座敷」の昔話には、日本人が山の神さまの神秘な力と働きに寄せてきた、このような思いとあこがれが、美しく表現されているのです。そう考えれば、この話に出てくるまるで山の神さまの

刈っても刈ってもすぐにまた穂が出て、刈りつくすことができず、家に帰ると米櫃に米がいっぱいになっていた。それで暮らしがよくなり、しまいに刈り取ることが面倒になって、稲に火をつけると、煙と共に白髪の老婆が山に飛んで行くのが見え、それからその家は落ちぶれて、昔通りの貧乏人になった。この老婆は、飛んで行った山に、山姥さまとしてお祭りされている。

山から田んぼに降りて来て、お米が取りきれぬほどできるように、田の中で働いてくれたというのですから、この伝説の中の山姥は、田の神さまにもなってくれると信じられてきた山の神さまと、本当にもうそっくりです。山姥というのは実は山の神さまが、昔話や伝説の中で妖怪に変化したものだということが、この話からもとてもよく分かります。

お産をする山の神の石像（長野県東筑摩郡坂井村修羅那山の安宮神社）

分身か化身のように思える美女が、正体はじつはウグイスだったと言われているわけも、よくわかるのではないでしょうか。なぜならウグイスはわが国で、春告げ鳥と呼ばれて、里に来て鳴くことで春の訪れを知らせると、考えられてきました。だから人々はごく自然にこの鳥を、ちょうどその時期に里に降りて来て田の神になると信じられていた、山の神さまの有り難いお姿と、重ね合わせて見たのでしょう。そしてその神さまのお使いか、分身のように想像したのだと思われます。

　山の神さまはまた方々の土地で、十二様《じゅうにさま》とも呼ばれています。この神さまが一度のお産で十二人の子どもを生むとか、年に十二人ずつ子を生むと、語り伝えている地方もあります。つまり山の神さまは毎年、十二か月を次々に自分の子として生み出して、季節を変化させるとも考えられてきたのです。* それだから「見るなの座敷」の昔話にはまた、この神さまの聖所と思える山奥の屋敷には、一月から十二月までの月がぜんぶ中にしまってある、蔵とか座敷があるとも語られているのでしょう。

＊大分県の東国東郡では、山姥が一度のお産で三人の男の子を生んだとか、三人の男の子の母親だということを物語った昔話が、言い伝えられています。この三人の子は、「夏よしこう」、「秋よしこう」、「冬よしこう」という名前だったとも、また最初に生まれた子に「春よし」、次の子に「夏よし」、末の子には「冬ぬくどう」という名前がつけられたとも物語られています。つまりこの話では山姥も、春、夏、秋、冬を次々に生んで四季を変化させる、季節の母親であるように物語られているわけです。山姥が実は、山の神さまが変化した妖怪だということが、この昔話からもよく分かります。だから山姥は、これまで見てきたように、「見るなの座敷」の昔話に出てくる、やはり山の神さまが変化した美女とも、いろいろな点でとてもよく似たところがあるのです。

その六　幾度も生き返ったオホクニヌシの数奇な運命

オホクニヌシの命と言えば、アマテラス大御神やスサノヲの命とならんで、日本の神話の中で主役と言っていいような、目ざましい大活躍をしている神さまの一人です。『古事記』と『日本書紀』の神話は、よく読んでみると中心になる部分が、はっきりとこれらの三人の偉い神さまたちを、三本の柱のようにして組みたてられていることがわかります。

前にも見たように『古事記』の神話には、このオホクニヌシの命に、自分と母親のちがう大勢の兄弟がいたことが語られています。八十神《やそがみ》と呼ばれたこの神たちは、異母兄弟のオホクニヌシがやさしくて慈悲深いのとはちがって、本当に信じられないほど意地悪で残忍でした。八十神とオホクニヌシの性質が、どんなにちがっていたかは、『古事記』に次のように語られている、あの有名な「因幡《いなば》の白

＊『古事記』ではオホクニヌシの父親は、アメノフユキヌという名前の神さまだったことになっています。そしてこのアメノフユキヌは、スサノヲとクシナダヒメの結婚から生まれたヤシマジヌミという神さまの曽孫に当たる、オミヅヌという神さまが、フテミミという女神さまを妻にして生ませた子だとされています。つまりこれによればオホクニヌシは、スサノヲの六代目の子孫だということになります。だが『日本書紀』には、オホクニヌシは、スサノヲの子で母はクシナダヒメだったとも、書かれています。

兎」の話からも、はっきりわかります。

あるとき八十神たちは、因幡の国（鳥取県の東部）に出かけて行きました。そこには、ヤカミヒメという名のとても美しい女神さまが、住んでいました。八十神たちはみんな、「自分こそあのヤカミヒメの夫になりたい」と熱望し、そろって結婚の申しこみに行くことにしたのです。このとき八十神は、自分たちの荷物をつめこんだ大きな袋をむりに背負わせて、オホクニヌシをみんなの従者にしてつれて行きました。

途中の気多《けた》の岬というところ（鳥取市の白兎海岸にある）で八十神は、かわいそうに皮を剝がれ、全身が血まみれの赤裸にされてしまった兎が、ひどい苦痛にあえいでいるのを見ました。大好きな残忍な悪戯の種を見つけて、喜んだ彼らは、ほくそえみながらその兎にこう言いました。

「傷をなおしたければ、海の塩水を浴びてから、高い山の上に寝て、吹いてくる風に当たってみるがよい」

兎が言われた通りにすると、海水が乾いて塩になってこびりついたところに、強い風が吹きつけたのですからたまりません。傷がすっかりさけてただれ、それはもう目もあてられぬほどひどくなってしまいました。

ひどい苦痛に耐えかねて兎が、また前の場所に倒れて泣いていると、そこに重い袋を背負っていたために八十神たちよりも遅れて、オホクニヌシの命が通りかかりました。兎の見るもあわれな有様を見て、オホクニヌシは心から同情して、「どうしてそんなひどい目にあって泣いているのか」と、やさしく聞いてやりました。そうすると兎は、こう答えたのです。

「私は、隠岐《おき》の島におりまして、この土地に渡ってきたいと思ったのですが、自分では海を渡れません。それで海にいるワニザメたちをだまして、兎とワニザメとどちらの仲間の数が多いかくらべるために、数えてやるからと言って、隠岐の島からこの気多の岬まで海面に並ばせました。そして数えながらその列の上を踏んで渡って来て、こちらの岸に着きそうになったところで、つい得意になって『うまくだましてやった』と言ったところが、列の最後にいたワニザメが怒って私を捕え、毛皮の衣を剝いで赤裸にしてしまったのです。それで困って泣いておりますと、前にここを通られた八十神が、『海水を浴びてから、山で風に当たれ』とおっしゃいました。その教えの通りにしますと、身体中がこんなにひどく傷だらけになってしまったのです」

これを聞いたオホクニヌシは、兎にこう親切に教えてやりました。

「すぐに河のま水で、よく身体を洗いなさい。それから河の岸べに生えている、ガマの花の花粉を地面にいっぱい敷き散らして、その上を何度もころがれば、かならず傷がなおって身体がすっかりもと通りになるだろう」

この教えの通りにすると、兎の身体は、本当にもと通りまっ白な毛皮で覆われた、きれいな白兎の姿になりました。喜んだ兎は、オホクニヌシに感謝してこう言いました。

「八十神たちは、だれもヤカミヒメをご自分のものにできないでしょう。袋を背負って行かれても、ヤカミヒメは、きっとあなたさまのものになります」

そしてこの兎の予言は、本当にその通りになったのです。八十神たちが結婚の申しこみをすると、ヤカミヒメはこう返答しました。

「私はあなたがたのおっしゃることは、聞きません。オホクニヌシの命と結婚いたします＊」

八十神がこの返事を聞いて、オホクニヌシに対して、それこそ烈火のように怒ったことは、言うまでもありません。それで彼らは相談して、オホクニヌシをどうしても殺してしまわねばならないと決めたのです。彼らがまずオホクニヌシをだまして、猪とそっくりの形をしたまっ赤な焼け石を、赤い毛の猪だと言って彼に捕えさせ、身体中に大火傷を負わせて殺したことは、前にもお話しました。だがそうすると、これも前にお話したように、オホクニヌシの母のサシクニワカヒメが、泣きながら天に昇って行って、カムムスヒの神に助けをお願いしました。そしてカムムスヒは赤貝の女神のキサガヒヒメと、ハマグリの女神のウムガヒヒメと、二人の貝の女神さまに命令して、オホクニヌシの火傷を、前にお話したようなやり方で治療させ、そのおかげでオホクニヌシは、もと通りの美男子になっ

＊このことは『古事記』に、こう書かれています。

ここに大穴牟遅《おほあなむち》の神、その菟《うさぎ》に教へてのりたまはく、「今急《と》くこの水門《みなと》に往きて、水もちて汝が身を洗ひて、すなはちその水門の蒲《かま》の黄《はな》を取りて、敷き散して、その上に輾《こ》い転《まろ》びなば、汝が身本の膚のごと、かならず差《い》えなむ」とのりたまひき。かれ教のごとせしかば、その身本の如くになりき。こは稲羽《いなば》の素菟《しろうさぎ》といふものなり。今には菟神といふ。かれその菟、大穴牟遅の神に白さく、「この八十神は、かならず八上比売《やかみひめ》を得じ。帒《ふくろ》を負ひたまへども、汝が命ぞ獲たまはむ」とまをしき。

ここに八上比売、八十神に答へて言はく、「吾は汝たちの言を聞かじ、大穴牟遅の神に嫁はむ」といひき。

て生き返ることができたと言われています。

　ところがこれを見た、あくまで執念深くて残忍な八十神たちは、そのオホクニヌシをまたもう一度、前にも増してむごたらしいやり方で、殺したと語られています。

　彼らはまたみんなで、オホクニヌシを山の中に連れて行きました。そして一本の大木を切り倒すと、その幹に矢の形の太いクサビを打ちこんで、大きな割れ目をあけました。それからその中にオホクニヌシを、むりやり入らせておいて、そのクサビを打ち離したのです。オホクニヌシはあわれにも、木の中に入ったまま、ぐしゃぐしゃに潰《つぶ》れて死んでしまいました。**

　だがそのオホクニヌシを、このときもまたサシクニワカヒメが、悲痛な声をあげて泣きながら、けんめいに探してまわりました。そして見つけると、木を裂いて中から取り出して生き返らせ、木《き》の国（和歌山県）にいるオホヤビコという神さまのところに、逃げて行かせました。ところが八十神は、まだあきらめずにそこまで追いかけて来て、オホクニヌシを矢で射殺そうとしたのです。それでサシク

** このことは『古事記』に、「ここに八十神見てまた欺きて、山に率《ゐ》て入りて、大樹を切り伏せ、茹矢《ひめや》をその木に打ち立て、その中に入らしめて、すなはちその氷目矢《ひめや》を打ち離ちて、拷《う》ち殺しき」と書かれています。

ニワカヒメは、地上にはもうオホクニヌシのために安全な場所がどこにもないと思って、彼にこう言いました。「地下の根の国にいらっしゃる、スサノヲの命のところに行きなさい。そうすればきっと、あの偉い神さまが、あなたを助けてくださるでしょう」*

スサノヲの命は、前にもお話したように、オホクニヌシの祖先の神さまです。この神さまが高天原から追放され、出雲にやって来て、そこで怪物のヤマタノヲロチを退治して、生命を助けてやった美少女のクシナダヒメと結婚し、須賀というところに宮殿を建てて住んだことも、前にお話しました。だがスサノヲはこの地上での結婚生活を、そう長くは続けなかったのです。しばらくすると彼は、地下の根の国に降りて行ってしまいました。そしてこのときには、その地下界の主のような神さまになっていたのです。

オホクニヌシが母に言われた通りにして、根の国に行き、スサノヲの住んでいる御殿を訪問すると、中からさも勝気そうに見える美しい乙女が出てきました。それはスサノヲの命の大切な愛娘で、スセリビメという名の女神さまでした。スセリビメは見るからに優美

*このことは『古事記』に、こう書いてあります。

ここにまたその御祖《みおや》、哭きつつ求《ま》ぎしかば、すなはち見得て、その木を折《さ》きて、取り出で活して、その子に告りて言はく、「汝ここにあらば、遂に八十神に滅《ころ》さえなむ」といひて、木の国の大屋毗古《おほやひこ》の神の御所《みもと》へ違《たが》へ遣りたまひき。ここに八十神覓《ま》ぎ追ひ臻《いた》りて、矢刺して乞ふ時に、木の俣《また》より漏《く》き逃して云はく、「須佐《すさ》の男《を》の命のまします根《ね》の堅州国《かたすくに》にまゐ向きてば、かならずその大神議《はか》りたまひなむ」とのりたまひき。

な優男のオホクニヌシを一目見て、もう好きで好きでたまらなくなり、すぐに自分から誘ってその場で彼と夫婦になってしまいました。そしてそのあとで家に入って、スサノヲに、「それはそれは美しい神さまが、訪ねていらっしゃいました」と報告したのです**。

そうするとスサノヲは、出てきてオホクニヌシを、恐ろしい目つきでにらみつけ、無愛想に家の中に呼び入れて、その晩は彼を、毒蛇のいる室に寝かせました。だがスセリビメが、ひれと言う昔の女の人が首に飾りにかけたスカーフのような布を、そっとオホクニヌシにわたしてこう言ったのです。

「蛇が来て噛もうとしたら、このひれを三べん振って追い払いなさい」

教えられた通りにすると、蛇はすっかりおとなしくなり、オホクニヌシは安眠して、朝になると無事にその室から、出てくることができました。そうするとスサノヲは次の晩には今度は彼を、ムカデと蜂のいる室に寝かせました。だがその晩もオホクニヌシはスセリビメから、ムカデと蜂をおとなしくさせる力のあるひれをもらって、

** このオホクニヌシとスセリビメとの出会いと結婚のことは、『古事記』に「かれ詔命《みこと》のまにまにして須佐の男の命の御所《みもと》に参ゐ到りしかば、その女須勢理毘売《すせりひめ》出で見て、目合《まくはひ》して相《あ》婚ひまして、還り入りてその父に白して言さく、「いと麗しき神来ましき」とまをしき」と書かれています。

また安眠して翌朝に無事に出て来ました。

そうするとスサノヲは、今度はオホクニヌシを、外に連れ出しました。そして広い野原のまん中に、かぶら矢を射こんでから、「あの矢を取ってこい」と、オホクニヌシに命令しました。

オホクニヌシはそこで、野原の中に入って行きました。そうするとスサノヲはなんと、その野原のまわり中に火をつけて、オホクニヌシを焼き殺そうとしたのです。だがオホクニヌシがすっかり火に取り巻かれてしまって逃げられずに、とほうにくれていると、一匹の野ネズミが出てきて、「内はほらほら、外はすぶすぶ」と言いました。すぼまった穴を入口にして、地下にネズミたちがすみかにしている、広いほら穴があることを、オホクニヌシに教えたのです。

オホクニヌシが急いで、力いっぱい地面を踏みつけると、穴があいて本当に広いほら穴の中に落ちこみました。そこに隠れていると火は、上の野原を焼けすぎて行きました。その上そのネズミは、スサノヲの命が射たかぶら矢まで、どこからかくわえて来て、オホクニヌシにくれたのです。ただ矢の羽は、子ネズミたちがすっかり食

オホクニヌシをまつる出雲大社の社殿全景

べてしまって、無くなっていました。*

そのころスサノヲの命は、オホクニヌシがもうてっきり焼け死んだものと思い、野原の焼け跡に立っていました。スセリビメも夫が死んでしまったと信じ、父の神の非情さをうらんで泣きながら、お葬式の道具を持ってやって来ました。ところがそこにオホクニヌシが、何事も無かったような無事な姿で出てきて、スサノヲにかぶら矢を奉ったのです。

そのオホクニヌシをスサノヲは、家に連れて帰って大きな広間のような建物の中に呼び入れ、自分の頭にいるシラミを取れと命令しました。ところがよく見ると、スサノヲの頭にはシラミではなく、ムカデがうようようごめいているではありませんか。オホクニヌシが困っていると、スセリビメがムクの木の実と赤土を持って来て、その実を食い破っては赤土といっしょに口から吐き出せばよいと、教えてくれました。言われた通りにすると、スサノヲはオホクニヌシが、本当に自分の頭の血を吸ったムカデを、噛み殺して吐き出していると思い、それまでひどい目にばかりあわせてきた、この子孫

*オホクニヌシがスサノヲに焼き殺されそうになって、ネズミに助けられたという話は、『古事記』にこう書かれています。

また鳴鏑《なりかぶら》を大野の中に射入れて、その矢を採らしめたまひき。かれその野に入りまし時に、すなはち火もちてその野を焼き廻らしつ。ここに出づる所を知らざる間に、鼠来て云はく、「内はほらほら、外はすぶすぶ」と、かく言ひければ、其処を踏みしかば、落ち隠り入りし間に、火は焼け過ぎき。ここにその鼠、その鳴鏑を咋《く》ひて出で来て奉りき。その矢の羽は、その鼠の子どもみな喫《く》ひたりき。

の神さまのことが、急にとても愛らしく思えて、いい気持ちでぐっすり眠りこんでしまいました。

オホクニヌシはそこで、スサノヲの長い髪の毛を、広間の屋根を支えている一本一本のたる木に分けて、しっかり結わえつけました。そして大きな石で、建物の戸をふさいでから、スセリビメを背中に背負い、スサノヲの大事な宝物だった太刀と弓矢と琴を持って、いちもくさんに逃げ出したのです。だが逃げる途中で、琴が一本の木に当たって、地面が揺れるほど大きな音がしました。その音で目をさましたスサノヲが、起き上がると、怪力でたる木を引っぱられた建物が、たちまち倒れてしまいました。でもスサノヲはそれから、結びつけられた髪を苦労してほどかねばならなかったので、そのあいだにオホクニヌシは、遠くまで逃げてしまうことができました。*

髪をやっとほどき終えるとスサノヲは、地下界と地上との境いにあるヨモツヒラサカという坂のところまで、追いかけて来ました。そしてそこから、はるか遠くを逃げて行くオホクニヌシに向かって、こう大声で命令したのです。

*スサノヲの家から、オホクニヌシが逃げたときのことは、『古事記』にこう書いてあります。

ここにその神の髪を握《と》りて、その室の椽《たりき》ごとに結ひ著けて、五百引《いほひき》の石を、その室の戸に取り塞《さ》へて、その妻須世理毘売《すせりびめ》を負ひて、すなはちその大神の生大刀《いくたち》と生弓矢《いくゆみや》またその天の沼琴《ぬごと》を取り持ちて、逃げ出でます時に、その天の沼琴樹に払《ふ》れて地動鳴《なりとよ》みき。かれその寝《みね》したまへりし大神、聞き驚かして、その室を引き仆《たふ》したまひき。然れども椽に結へる髪を解かす間に遠く逃げたまひき。

「その太刀と弓矢を使って、八十神たちを征伐し、国土を主《ぬし》として支配する偉い神さまになれ。そしてスセリビメと正式に結婚をして、出雲に屋根の飾りの千木《ちぎ》が天までとどくほど立派な宮殿を建てて、住むがよい」

地上に帰るとオホクニヌシは、この命令の通りに根の国から持ち帰った太刀と弓矢を使って、八十神たちをたちまちのうちに征伐してしまいました。そしてそれから自分が支配することになったこの国土を、人間が安全で豊かに暮らすことのできるよい国に作り上げる、「国作り」の仕事を始めたのだと言われています。

これまでの話の中でオホクニヌシの命は、意地悪な兄弟の神さまたちに、二度もむざんなやり方で殺され、そのたびに生き返ったことを物語られています。それだけではありません。そのあと八十神はさらに、木の国に逃げたオホクニヌシを執念深く追いかけて来て、矢で射殺そうとしたと語られています。このときにはサシクニワカヒメはオホクニヌシを、「木の俣《また》より漏《く》き逃して」つまり木の幹が分かれて股のようになっているところから、下に落して逃げさせるという不思議なやり方で助けたと『古事記』には書かれています。

その上オホクニヌシは、根の国に行ってもそこでもまた、助けを求めに行ったはずの祖先のスサノヲの命に、逆にいじめられて焼き殺されてしまいそうになりました。そしてこのときも、奇蹟的に生命が助かって、彼を焼死させるはずだった火の焼け跡に元気な姿で出てきて、スサノヲとスセリビメをびっくりさせたと物語られています。* 地下の国に行き、そこからまた地上に帰ってきたということにも、死んで生き返ったのとほとんど同じような意味がありそうです。それと近い意味はまた、蛇の室やムカデと蜂の室に入れられ、そこから無事に出て来たという事件にも、やはりありそうに思えます。

オホクニヌシの命はいったいなぜ神話の中で、死んで生き返ったり、それに近い意味を持つと思えるような目に何べんもあったことを、物語られているのでしょうか。そのことは、そのあとでこの神がしたと言われている、国作りという仕事の意味や、それに協力したというスクナビコナという奇妙な小人の神さまの性質のことなど

*このときにはスサノヲもスセリビメも、本当にオホクニヌシが死んだと思いこんでいたので、そのことが『古事記』に、「ここにその妻須世理毗売は、喪《はふり》つ具《もの》を持ちて哭きつつ来まし、その父の大神は、すでに死《う》せぬと思ほして、その野に出でたたしき」と書いてあります。

といっしょに、次の章で考えてみることにしましょう。そうするとこの神話に、前に取り上げたオホゲツヒメとかウケモチの神話や、「見るなの座敷」の昔話などとも、意外なほど深い結びつきがあることがわかるでしょう。

その七

オホクニヌシを助けた種の化身スクナビコナ

オホクニヌシの命を主人公にする神話の中には、前回にも最後にちょっとふれたように、スクナビコナというたいへん風変りな小人の神さまが出てきます。この神さまがオホクニヌシの命とはじめて出会ったときの様子は、『古事記』には次のようであったと物語られています。

あるときオホクニヌシが、出雲の国の海岸の美保《みほ》の岬《みさき》というところにいると、そこに岸に寄せてくる波に運ばれて、それはそれは小さな神さまがやって来ました。よく見るとその神さまはなんと、ガガイモという草の小さな実のさやでこしらえた船に乗り、虫のガの皮をはぎ取って作った服を着ていました。

オホクニヌシが名前を聞いても、この神さまは黙っていて何の返事もしません。そこにオホクニヌシに従っていた家来の神さまたち

*このときのことは『古事記』に、こう物語られています。

の中にも、この神さまがだれでどこから来たのか、知っているものは一人もありませんでした。

いぶかしく思っていると、ヒキガエルのタニグクが、みんなのあいだからごそごそ進み出て来て、「物知りの神さまのクエビコなら、きっと知っているにちがいありません」と、申しました。クエビコというのは今でも田や畑に立って作物の番をしている、あのかかしの神さまです。いつも同じ場所にじっとしていてほうぼう歩きまわることもないのに、この神さまはなぜか本当に、世界中のことを何でもよく知っていたのです。

オホクニヌシはそこでさっそく、そのクエビコを呼んで、珍妙な小人の神さまがだれか知っているか、聞いてみました。そうするとクエビコは、「この方なら、あのえらいカムムスヒの神さまの御子で、スクナビコナというお名前の神さまです」と、答えました。*

カムムスヒと言えば、前回にもお話したようにオホクニヌシにとって、八十神《やそがみ》たちに身体中に火傷を負わされて殺されたときに、治療のために貝の女神さまたちを送って生き返らせてくれた、生命の

かれ大国主の神、出雲の御大《みほ》の御前《みさき》にいます時に、波の穂より、天の羅摩《かがみ》の船に乗りて、鵝《ひむし》の皮を内剝《うつは》ぎに剝ぎて衣服にして、帰《よ》り来る神あり。ここにその名を問はせども答へず、また所従《みとも》の神たちに問はせども、みな知らずと白《まを》しき。ここに多邇《たに》具久《ぐく》白《まを》して言《まを》さく、「こは久延毗古《くえびこ》ぞかならず知りつらむ」と白ししかば、すなはち久延毗古を召して問ひたまふ時に答へて白さく、「こは神産巣日《かむむすひ》の神の御子少名毗古那《すくなびこな》の神なり」と白しき。かれここに神産巣日御祖の命に白し上げしかば、「こは実《まこと》に我が子なり。子の中に、我が手俣《たなまた》より漏きし子なり。かれ汝葦原色許男《あしはらしこを》の命と兄弟となりて、その国作り堅めよ」とのりたまひき。かれそれより、大穴牟遅《おほあなむち》と少名毗古那と二柱の神相並びて、この国作り堅めたまひき。

恩人の本当にありがたい大神さまです。オホクニヌシはそこでこのことをさっそく、高天原にいらっしゃるカムムスヒに知らせました。そうするとカムムスヒは、こうお告げになりました。

「それはたしかに、わたしの子です。わたしの手の上でいたずらをしているうちに、指のあいだからこぼれて、下界に落ちたのです。スクナビコナはこれからは、オホクニヌシの命と兄弟になって、いっしょに力を合わせ、地上をりっぱな国に作り上げなさい」

このようなわけでオホクニヌシは、小人の神さまのスクナビコナと仲良しの兄弟になりました。そして二人の神さまはこのときからいつもいっしょにいて、協力しながら国作りの仕事に励むことになったのです。* スクナビコナは身体は小さくても、とてもすばしこくて、それこそ目から鼻へ抜けるようにそれはそれはりこうでした。それでオホクニヌシは、カムムスヒから授かったこの兄弟の神を、じきに本当にかけがえのない仲間だと思い、かたときも離れてはいられないようになったのです。

ところがどこまでも風変りなスクナビコナは、あるとき次のよう

*二人の神さまが、仲良く協力して国作りをしたことは、『日本書紀』には、こう書かれています。

夫《か》の大己貴命《おほあなむちのみこと》と、少彦名命《すくなひこなのみこと》と、力を戮《あは》せ心を一にして、天下を経営《つく》る。複《また》顕見蒼生《うつしきあをひとくさ》及び畜産《けもの》の為は、其の病を療《をさ》む方《みち》を定む。又、鳥獣・昆蟲の災異を攘《はら》はむが為は、其の禁厭《まじなひや》むる法《のり》を定む。是を以て、百姓、今に至るまでに、咸《ことごとく》に恩頼《みたまのふゆ》を蒙《かがふ》れり。

にして、来たときと同じようにまたとつぜん、オホクニヌシのところからいなくなってしまいました。その事件が起こったのは、粟島《あわしま》というところでした。スクナビコナは、そこに自分が蒔いた粟がよく実ったのを見て、木登りをするようにして粟の茎によじのぼりました。そうするとそれまで穂の重みで垂れて曲がっていた粟の茎が、なぜか急にピンと勢いよくはねかえって、粟粒のようなスクナビコナの身体を、空中にはじき上げ、海の向こうにある常世《とこよ》の国という不死の国まで、はじき飛ばしてしまったと言われています。**

　オホクニヌシが、がっかりして、身も世もないほど悲しみにくれたことは、言うまでもありません。だがスクナビコナの助けなしで、これからどうやって国作りの仕事を続けられるだろうかと、思いなやんでいると、そのオホクニヌシのところに、不思議な光で海を照らしながら、一人の神さまが近寄って来ました。そして見るからに尊いお姿をしたその神さまが、こう言って、オホクニヌシを励ましてくれたのです。

「心配は、いらない。わたしを、大和の国の東にある、青々とした

** このことは『伯耆国風土記』に、こう書かれていました。

　少日子命《すくなひこのみこと》、粟を蒔きたまひしに、莠実《みの》りて離々《ほた》りき。即ち、粟に載りて、常世の国に弾かれ渡りましき。故《かれ》、粟嶋と云ふ。

　『日本書紀』にはこのことが、「淡嶋《あはのしま》に至りて、粟茎《あはから》に縁《のぼ》りしかば、弾かれ渡りまして常世郷に至りましきといふ」と書かれています。

美しい山の上に祭りなさい。そうすればこれからは、わたしがあなたといっしょに国作りをして、その仕事がきっとりっぱに完成するようにしてあげるから」

オホクニヌシはそこで、この神さまを言われた通りの場所にお祭りし、国作りを続けました。そのおかげで私たちの住んでいるこの日本の国が、人間がそこで安心して作物を育てて暮らすことのできる、こんなに豊かな国土になったのです。

大和の国の東にある青々とした山というのは、奈良県の桜井市にある三輪山《みわやま》です。この三輪山をご神体にする大神神社《おおみわじんじゃ》に今もお祭りされている、オホモノヌシの大神が、オホクニヌシが国作りを完成できるように力を貸したことを、神話の中で物語られている尊い神さまなのです。*

それこそ粟粒のように小さな身体をしていて、最後には穂のよく実った粟の茎にはじかれ、遠い常世の国へ飛んで行ったと物語られているのですから、スクナビコナはまるで、穀物の種の化身のような神さまです。そのことはこの神さまと、その親神のカムムスヒの

*このことは『古事記』に、こう書かれています。

ここに大国主の神愁へて告りたまはく、「吾独《ひとり》して、何《いかに》かもよくこの国をえ作らむ。いづれの神と、吾とよくこの国を相作《つく》らむ」とのりたまひき。この時に海を光《て》らして依り来る神あり。その神の言《の》りたまはく、「我が前をよく治めば、吾よくともどもに相作り成さむ。もし然あらずば、国成り難けむ」とのりたまひき。ここに大国主の神まをしたまはく、「然らば治めまつらむ状《さま》はいかに」とまをしたまひしかば答へてのりたまはく、「吾をば倭《やまと》の青垣の東の山の上に斎《いつ》きまつれ」とのりたまひき。こは御諸《みもろ》の山の上にます神なり。

『日本書紀』にはこのときこの神さまが、オホクニヌシに、「吾は是汝が幸魂《さきみたま》奇魂《くしみたま》なり」と言ったと書かれています。こ

神との関係からも、はっきりと確かめることができると思えます。

なぜなら前にもう何度かお話した『古事記』の神話の中でカムムスヒは、オホゲツヒメの死体から発生した稲と粟と麦と大豆と小豆とを、取ってこさせて種にしたことを物語られています。つまりこの神話でカムムスヒは、これらの種のまさに親だとされているわけです。だからこの種の親神の子で、その親神の手の指のすきまからこぼれて下界に落ちてきたというスクナビコナは、たしかに種の化身そのもののような、穀物の神さまであったと考えられます。

それだからこの神さまと仲良しになって、いっしょに国作りをすることでオホクニヌシの命は、スクナビコナがその化身である粟などの作物の栽培を地上に広めて、豊かな国土を作り上げて行くことができたのです。オホクニヌシはその名前からもわかるように、国つまり田や畑にすることのできる土地の主の神さまです。種が蒔かれたときから、土地とその上で育つ作物とは、けっして離れることのない関係で結ばれます。そして土地と作物がそのようにしっかりと結びつき、協力することで、国がだんだんと豊かな田や畑に作り

これによればオホクニヌシとオホモノヌシとは、おたがいに一方が他方の分身のような関係にある神さまだということになると思えます。

奈良県桜井市の大神神社の御神体である三輪山

上げられて行きます。そのことが日本の神話では、穀物の化身の神さまが地上に降りてきて、土地の主の神さまと兄弟になり、かたときも離れず力を合わせて国作りをするという話で、物語られているのです。*

だが土地と作物とのその結びつきは、いつまでも続くわけではありません。実り収穫されるときがくれば、作物はそれまでけっして離れることのなかった土地の上から、とつぜん姿を消してしまうことになります。それだから粟の化身のスクナビコナは、粟がよく実ったときに、それまで本当に睦まじかったオホクニヌシのもとをとつぜん離れ、遠くにある別の世界に飛び去ったと物語られているのだと思われます。

土地の主の神さまであるオホクニヌシの命は、前回に見た『古事記』の神話の中で語られているように、死んではまた生き返るような目に、何度もくり返して会わねばなりません。なぜなら田畑に作物が生え、野山が緑の草木で覆われているときには、土地は本当にいきいきとして生命がみなぎり、元気いっぱいに生きているように

*『播磨国風土記』には、この二人の神さまたちの仲の良さを物語った、こんなこっけいな話も記されています。

オホクニヌシとスクナビコナとがあるとき、「粘土の荷物をかついで遠くへ行くのと、大便をがまんして遠くへ行くのと、どちらがらくだろうか」ということで、言い争いをしました。オホクニヌシは、「自分は大便をがまんして行くことにする」と言い、スクナビコナは「それなら自分は、粘土の荷物をかついで行こう」と言って、二人はどちらが長くがまんできるか、がまん比べの競争をはじめたのです。何日かたつと、オホクニヌシが、「もうがまんできないよ」と言って、その場にしゃがんで大便をしました。そうするとスクナビコナも笑って、「こっちだって苦しいのは同じさ」と言って、粘土を岡の上に投げ捨てました。それでその岡のことを今

見えます。だが秋が深まり冬が来て、作物が田畑から姿を消し、草が枯れ、木もすっかり葉を落として裸になってしまうと、土地は一転して衰弱して死んでしまったのではないかと、見えるようになります。そして春が来て、草木が芽吹くときになると、土地は本当にまるでまた、新しい生命を取り戻し、生き返りつつあるように見えるからです。

　八十神に身体中に火傷を負わされて殺され、またスサノヲにも焼き殺されそうになったと語られているのも、畑にされる土地の主の神さまに、じつにふさわしい神話だと思えます。なぜなら弥生時代になって、田んぼで稲を作る農業が国中に広まるよりも前に、わが国では縄文時代のうちに、もう、焼き畑と呼ばれるやりかたで、畑が作られていたと思われるからです。それは畑にしようとする土地に生えている木を切り倒し、その場で乾燥させてから燃やして、そのあとに種を蒔くなどして、作物を育てるというやりかたです。つまりこのやりかたで畑ができるためには、土地は文字通り火で焼かれることになるわけです。

でも、ハニ（＝粘土）岡と呼んでいるのです。

焼き畑の火入れ（石川県白山麓）
（萩原秀三郎氏撮影）

「火入れ」と呼ばれる、焼き畑にする土地を焼くこの作業をするに当たっては、どこでもその火が延焼して山火事になるのを防ぐために、広いところでは六メートル、狭いところでも二メートルほどの幅の防火帯を作り、そこの草木をきれいに刈りはらった上に、落ちている葉なども取り除いておきます。またいよいよ火をつける前には、オーイオーイと大声で呼ばわってから、こんな叫び声をあげることも、各地でされてきています。*

「山を焼くぞう。山を焼くぞう。飛ぶものは飛んで行け。這うものは這って行け。生命あるものは逃げて行け」

つまり焼き畑を焼く火は、その土地にいる動物を焼き殺してしまうばかりか、注意をおこたれば周囲の山まで、山火事で燃やしてしまいかねぬほど、激しい勢いで燃えるのです。だからこういうやりかたで農業に勤しむ人たちが、畑を焼く火で土地の主の神さまも苦しんだり焼け死ぬような目にあうと考え、そのことを神話に物語っても、不思議ではないと思われます。

しかもわが国で焼き畑を作ってきた人たちにとって、どこの土地

*高知県の香美郡には、こんな伝説があります。

昔、山姥がこの近くを通っていたところが、急に産気づき、岩屋に入ってお産をしていた。ちょうど蕎麦をまく時期で、その日はむらの人が集まって、山を焼き払っていた。火はものすごい勢いで岩屋を取り囲んだので、山姥がおるとは知らず、山を焼き死んでしまった。その後、むらには異変が起こり、病人がでたり、いろいろの災難が続いた。これはどうも山姥が祟っているにちがいないということになって、岩屋から頭の骨を取り出し、山の神さまとしてあがめまつると、災難は起こらなくなったという。それ以来、「山を焼く時は、声をかけてから焼くもの」と言われるようになった。

この山姥の頭の骨だという青かびの生えた気味の悪い頭蓋骨

でもいちばん大きな苦労の種は、猪の害から作物を守ることだったのです。そのことはたとえば、野本寛一さんという焼き畑のことをとてもくわしく研究されている方が書かれた本の中には、こう説明されています。

「鳥や獣は水田耕作にも大きな害を与えたのであったが、山を生産の場とする焼畑における鳥獣の被害は、想像を絶するものがあった。中でも猪は害獣の王で、たった一晩で焼畑農民が一年間丹精した秋の稔りを、無惨に食い荒らしてしまうのだった。そのため、焼畑農民は知恵をしぼり、驚くほど多様な『猪との戦い』を展開してきたのである」

つまりオホクニヌシがその主である土地に作られる畑にとって、猪は縄文時代の大昔から今日までずっと、ゆだんすればたちまち致命的なほどひどい害をなす、本当に恐ろしい大敵であり続けてきたわけです。『古事記』の神話の中の八十神がオホクニヌシに火傷を負わせて殺したときの話には、このことがやはり、とてもなまなましく物語られていると思えます。なぜなら前に見たように八十神たち

は、今でも香美郡香北町の大城谷というところにある、山の神の神社に、御神体として祭られているということです。

焼き畑の火入れの前の山の神への祈り（石川県白山麓）
（萩原秀三郎氏撮影）

は、オホクニヌシに向けて、山の上から猪の形をした大きな焼け石を転がし、それを「赤い猪だから、逃がさずにつかまえろ」と言って、むりに捕えさせて、オホクニヌシを惨死させたと言われているので、この神話でオホクニヌシの死は、たしかに猪ともはっきりと結びつけられて語られていると思えるからです。

その上スクナビコナが神話の中で、まるでその化身であるように語られている粟は、わが国では昔から、全国の焼き畑でいちばんたくさん栽培されてきた作物なのです。* だからこのことからも、そのスクナビコナと仲良しの兄弟になり、協力して国作りをしたと言われているオホクニヌシの命がやはり、粟に代表される雑穀や豆類などを焼き畑で育てるという、稲を田で作るのよりも古いやりかたの農業と、とくべつに関係の深い神さまだったことが、まちがいないのではないかと考えられます。そのことはまた、『日本書紀』に出てくる、次のような話からもたしかめられそうです。

高天原には、オホクニヌシの神話によく出てくるカムムスヒのほかにもう一人、とくべつに偉い神さまがいます。それはタカミムス

*焼き畑の研究家として名高い文化人類学者の佐々木高明氏が、伝統的なやり方で焼き畑を続けている七二の村を全国から選んで調査されたところによると、粟はその内の八三・三パーセントにあたる六一の村で栽培されていて、すべての作物の中で栽培の比率がいちばん高かったということです。佐々木氏はこの調査の結果を、次のような表にまとめられました。

表——日本の主な焼畑作物

作物	作付率†
アワ	83.3%
アヅバズ	80.5
ダイズ	76.4
アズキ	76.4
ヒエ	56.9
ムギ	20.8
サトイモ	19.4
サツマイモ††	15.3

† 伝統的な焼畑の輪作方式をもつ72ヵ村のうち、当該作物を作付

ヒという名前の神さまで、『古事記』の神話のはじめには、天と地が大昔にはじめて分れたときに、高天原にまず天《あめ》の御中主《みなかぬし》の神という、それはそれは偉い神さまが生まれ、次にタカミムスヒの神が、その次にカムムスヒの神が生まれたことが語られています。

　高天原でのタカミムスヒの神の役目は、アマテラス大御神を助けながら天の女王のこの女神さまといっしょに、みんなで八百万人もいるとされている大勢の天の神さまたちを、指揮することです。そのタカミムスヒがあるとき、オオクニヌシが国作りを終えて豊かになった国土に、「いったい何が起こっているのか見てこい」と言って、天から一羽の雄のキジを、偵察のために派遣しました。**ところがそのキジは、命令をはたさずに地上に行ったきり、天に帰ってこなかったというので、『日本書紀』にはそのことが、「此の雉降来《きぎしとびくだ》りて、因りて粟田《あはふ》・豆田《まめふ》を見て、則《すなは》ち留《とどま》りて返らず」と、書かれているのです。

　つまりキジが降りて行ってみると、地上にはこの鳥の大好物の粟や豆が、畑にいっぱい実っていた。それでそれを見たキジは、大喜

している村の比率を示したもの。

†† サツマイモは江戸時代の中期、日本の焼畑に導入されたもの。それ以前はサトイモの作付比率がもっと高かった。

** このキジが遣わされたのはその前に天から地上の神さまたちを平定するために派遣されたアメワカヒコという神さまが、いつまでも報告に帰ってこないので、何をしているのか見に行かせるためでした。そのことは『日本書紀』に、こう書かれています。

　時に高皇産霊尊《たかみむすひのみこと》、勅して曰《のたま》はく、「昔、天稚彦《あめわかひこ》を葦原中国《あしはらのなかつくに》に遣《や》りき。至今《いま》に久しく来ざる所《ゆ》以《ゑ》は、蓋《けだ》し是国神、強禦《いむかふ》之者《もの》有《あ》りてか」とのたまふ。乃《すなは》ち無名雄雉《ななしをのきぎし》を遣《つかは》して、往《ゆ》きて候《み》しめたまふ。

びをしてそのままそこに住みつき、天に報告に帰ることなど、すっかり忘れてしまったのだというのです。だからこの話でもやはり、オホクニヌシが国作りを完成したことで、このとき地上には、粟や豆などを畑で育てる農業が、どこでもさかんにされるようになっていたことになるわけです。

私たちが日本の神話を読むことができる、いちばん古い書物は、『古事記』と『日本書紀』です。どちらも日本の歴史を、まだ人間がこの国で暮らすようになるより前の大昔に、神さまたちが世界と日本の国ができるためにしてくれたことからはじめて、物語っている本で、『古事記』は七一二年に、『日本書紀』の方は七二〇年に完成しました。

だがその八世紀のはじめにできた本に、書き止められた神話には、弥生時代に田で稲が作られるようになるよりもっと前の縄文時代に、遠い先祖たちがこの国土に畑を作り作物を育てながら持っていた信仰まで、いろいろな話の中に、いがいなほどはっきり残っています。それだけではありません。縄文時代にもう農業に勤しんだ祖先たちのその信仰のなごりは、前に見た「見るなの座敷」などいろいろな昔話にも、ずいぶんはっきり見られると思えるのです。

その八　日本神話の大きな特徴の一つ造化三神の存在

前回にもふれたように、『古事記』の神話は、大昔に天と地がはじめて分かれたとき、天上の神々の世界となる高天原《たかまがはら》にまず、三人のとくべつに偉い神さまたちが生まれたという話で始まっています。そのことは、こう書かれています。

「天地の初発《はじめ》の時、高天原に成りませる神の名は、天《あめ》の御中主《みなかぬし》の神。次に高御産巣日《たかみむすひ》の神。次に神産巣日《かむむすひ》の神」

このことはまた、『古事記』の序文の中では、「乾《けん》と坤《こん》と初めて分れて、参神造化《さんしんぞうか》の首《はじめ》と作《な》り」とも、言われています。昔の中国の考え方にならった、ちょっと難しい言い方ですがつまりは、世界ができるより前にはまだ一つにまじり合っていた、天になる陽《よう》の気の乾と、地になる陰《いん》の気の坤とがはじめて分かれたところに、まず三人の神さまが生まれ、世界の万物ができる始まりになったと、言っているわけです。それでこの『古事記』の序文の中で使われている表現から、世界でいちばん古いとされている、この天の御中主とタカミムスヒと、カムムスヒの三人の神さまたちは、「造化《ぞうか》の三神」とも呼ばれます。

ところがこの造化の三神たちには、ちょっと不思議だと思えるようなことが、いくつかあるのです。まず天の御中主ですが、この神さまは、造化の三神たちの中でもまっ先に生まれたと言われているのですから、他のどの神さまより年長で、神話に出てくる神さまたちぜんぶの中で、いちばん長老の神さまです。その上、名前を見ても、天の中央にいて、世界を主《ぬし》として支配している、尊い神さまだと言うのですから、他のどの神さまよりもだんぜん偉い、最高の神さまなのではないかと思えます。ところがなぜか日本の神話のどこを見ても、この天の御中主の神がしたことは、何一つとして物語られていないのです。日本の神話にはずいぶんたくさんの話があるのに、そのどれにもこのだんぜん偉いはずの神さまが、何をしたのかぜんぜん語られていないのですから、これはどう考えても、ちょっと奇妙だと思えます。*

では、タカミムスヒとカムムスヒとはどうでしょうか。神話の中でまったく何もしていない天の御中主とはちがって、この二人の神さまたちは『古事記』の神話では、どちらも高天原にいて他の神さまたちにいろいろ命令をしたりしながら、偉い神さまにたしかにふさわしいと思えるような活躍をしたことを語られています。だがそれにもかかわらず、この二人の神さまたちにも、どうも不思議だと思えるようなことがあるのです。

なぜなら世界のはじめに高天原で、天の御中主に続いて次々に生まれたとされている上に、どちらもムスヒの神と呼ばれ名前までとてもよく似ているので、この神さまたちは二人で一組《ひとくみ》のような関係にあり、とくべつに親密《しんみつ》であるのが、とうぜんではないかと思えます。またどちらも高天原にいるとても偉い神さまで、まるで家来たちに対する主人のようにして、他の神さまたちに命令をしていることでも、二人の神さまはとてもよく似ています。

ところがそれなのに、この二人の神さまはなぜか神話のどの話の

*この神さまが、ニュージーランドなど、ポリネシアの島の人たちに崇拝された、やはり「中央」という意味のイオという名で呼ばれた神さまと、とてもよく似ていることに注意する人もいます。そのイオのことを、文化人類学者で神話研究の大家の大林太良氏は、こう説明されています。

イオは「両親なきもの」とか、「偉大なもの」とか、「顔をかくしたもの」とも呼ばれた。至高神イオあるいはキホに関する秘教は民衆の知るところではなかった。ただ司祭と高級貴族だけが、この教えの担い手であって、少数者のグループのものだった。下級の司祭やシャマンは、このグループからしめ出され、高級司祭のうちでも、特に尊貴なものだけが、この秘教に関与していた。イオとかイホという名は、あまりに高貴なために、その名

中でも、いっしょに出てきて協力して何かしたことを、物語られてはいないのです。それどころか二人の神さまは、それぞれが命令をする神さまたちの種類も、また出てきて活躍する場面も、はっきりとちがっていて、たがいに反対の性質を持ち、神話の中でしていることも、はっきり対立しているように見えるのです。

『古事記』の神話の中で、カムムスヒとの結びつきが、とくべつ深く親密であるように語られている神さまがだれかと言えば、それはもうオホクニヌシの命であることが、はっきりしています。前にも見たように、オホクニヌシが主人公になっている『古事記』の話の中で、カムムスヒはまず、火傷を負わされて殺されたこの神のところに、二人の貝の女神さまたち**を派遣して治療させ、オホクニヌシをもと通りの美男子の姿にして、生き返らせてやったことを物語られています。

それからまたそのあとで、オホクニヌシはあるとき、自分のところにとつぜんやってきた風変りな小人の神さまが、カムムスヒの子のスクナビコナであるということを知ると、そのことをすぐにカム

は、淋しい場所で、ささやくように言うことが許されるのみであった。イオの彫像はなく、また供犠も全然されなかった。秘教に加わった人たちも、他の神様の場合とはちがって、イオの名を日常生活の事物や、呪術と結びつけるようなことはあえてしなかった。

** このときオホクニヌシを治療した貝の女神さまたちの一人のキサガヒヒメについては、『出雲国風土記』には、こんな話も物語られています。

カムムスヒの娘であったこの女神があるとき、現在では潜戸鼻《くきどのはな》と呼ばれている加賀《かが》の神埼《かむざき》にある岩屋の中で、サダの大神という名前の偉い神さまである子どもを出産しました。そのときに弓矢が無くなったので、キサガヒヒメは、「私の子がも

ムスヒに、申し上げた。そうするとカムムスヒは、こうお告げを下して、自分の手の指のあいだからこぼれ下界に落ちたスクナビコナに、別名をアシハラシコヲとも言うオホクニヌシの命と兄弟になって、いっしょに協力し国作りの仕事に励むように命令したと言われています。

「こは実《まこと》に我が子なり。子の中に、我が手俣《たなまた》より漏《く》きし子なり。かれ汝葦原色許男《あしはらしこを》の命と兄弟となりて、その国作り堅めよ」

このように『古事記』の神話ではカムムスヒは、あるときはオホクニヌシの生命を助けてやり、またあるときは自分の子を下界に下し、オホクニヌシの兄弟にしてその仕事を手伝わせるなど、いろいろなやり方で本当に手あつく、天上からオホクニヌシを保護することを続けたことになっているのです。

『古事記』の神話には、カムムスヒがした大切なことを物語っている話が、もう一つあります。それはこれまでにもう何度も問題にしたことがある、あのオホゲツヒメ*の神話です。この話の終わりには、「かれここに神産巣日御祖《かむむすひおや》の命、こを取らしめて、種と成したまひき」

し、勇ましい父の神さまの御子であるなら、無くなった弓矢が出てきて欲しい」と、言いました。そうするとまず角《つの》でできた弓矢が流れて来たのですが、サダの大神は「これはわたしの弓矢ではない」と言って、投げ捨てました。そうすると今度は、黄金の弓矢が流れてきたので、それを取って、「暗い岩屋だな」と言って射ると、光り輝いて明るくなったので、それでこの土地がカガと呼ばれることになったのです。

と言われていて、スサノヲに殺されたオホゲツヒメの死体から生えた、いろいろな種類の穀物や豆などを、カムムスヒが取ってこさせて種にし、農業を始めたことが物語られています。

このオホゲツヒメの神話の事件は、オホクニヌシの命が生まれるよりずっと前に起こったとされているので、その話の中にはとうぜん、この神さまのことはまったく出てきません。だがそれにもかかわらず、そこでカムムスヒがしたと物語られていることには、前回にわけをくわしく見たようにやはり、オホクニヌシの仕事と、切り離すことができない深い関係があります。

なぜなら前回に見たように、スクナビコナは、まるで粟の実の化身のような性質を持った神さまです。それでこの神さまと兄弟になりいっしょに国作りをすることで、オホクニヌシは、粟に代表される畑でできる穀物や豆の栽培を地上に広めて、自分がその主《ぬし》である土地を、豊かな国土に作り上げることができたのです。だからオホゲツヒメの死体から生えた粟などの五穀を、取ってこさせ種にしたことでカムムスヒは、オホクニヌシが国作りをしながら地上に広め

*『古事記』には、イザナミが四国の島を生んだことが、こう書かれています。

次に伊予《いよ》の二名《ふたな》の島を生みたまひき。この島は身一つにして面四つあり。面ごとに名あり。かれ伊予の国を愛比売《えひめ》といひ、讃岐《さぬき》の国を飯依比古《いひよりひこ》といひ、粟の国を、大宜都比売《おほげつひめ》といひ、土佐の国を建依別《たけよりわけ》といふ。

つまりこの島は、一つの身体に四つの顔を持っていて、その一つ一つの顔が、それぞれ別の名前を持っている神さまだというのです。ここでオホゲツヒメは、粟の国の名前だと言われているのですから、この女神さまはやはり、自分の身体から発生した五穀の中でも、粟ととくべつ深い結びつきを持っているのではないかと思えるのです。

ることになる、農業のいちばん大切な作物となるものを、作り出し前もって準備しておいてやったことになるわけです。

『古事記』の神話では、カムムスヒはこのように、自分は天上にいながらいつも、地上にいるオホクニヌシの命ととくべつに親密な関係を持ち、オホクニヌシが地上でする仕事をいろいろなやり方で、準備したり助けることをもっぱら役目にしていたように物語られています。ではそれに対して、同じ『古事記』の神話の中でタカミムスヒは、いったいどの神さまととくべつ親しい結びつきを持っているように、語られているでしょうか。そのこともカムムスヒの場合に劣らず、とてもはっきりしています。なぜならタカミムスヒは、『古事記』の神話ではいつもアマテラス大御神といっしょに出てきます。そして高天原の女王のこの大女神に協力をしながら、八百万人いると言われている天の神さまたちの指揮を取っているように、物語られています。

タカミムスヒはそれでは、いったい神話の中のどのような場面で、そのようにしてアマテラス大御神といっしょに、天の神さまたちを

タカミムスヒを祭った、最古の社だとも言われている、対馬の下県郡豆酘(つつ)の高御魂神社の社殿

指揮したことになっているのでしょうか。その最初の話は、『古事記』には次のように語られています。

アマテラス大御神はあるとき、こうおごそかに宣言しました。

「豊葦原《とよあしはら》の千秋《ちあき》の長五百秋《ながいほあき》の水穂《みづほ》の国は、我が御子正勝《まさか》吾勝《あかつ》勝速《かちはや》日《ひ》天《あめ》の忍穂耳《おしほみみ》の命の知らさむ国」

つまり大御神は、オホクニヌシが国作りをして、穀物が永久によく実り続ける豊かな国土に作り上げた、この日本の国を、オシホミミ*という自分の愛児だった神さまに、支配させることに決めたのです。そしてそのために大御神は、オシホミミにさっそく、天から地上に降りるように命令しました。

ところがオシホミミは、地上に降りるため通路になる天《あめ》の浮橋《うきはし》と呼ばれる虹の橋の上から、下界を見下ろしてみて、「豊葦原の千秋の長五百秋の水穂の国は、いたくさやぎてありなり」と、嘆声《たんせい》をあげました。オホクニヌシをはじめ、強そうな神さまたちが大勢いる地上のぶっそうな様子に、びっくりしたわけです。そしてそのままた高天原に帰ってきて、そのことをアマテラス大御神に報告しまし

*このオシホミミは、スサノヲが高天原に昇って来たときに、アマテラスが身に着けていた曲玉の飾りをもらい受けて、その曲玉から次々に生んだ五人の男の子の中の一人で、左の耳のわきに輪のように束ねた髪につけられていた曲玉から、まっ先に生み出されたと言われています。この五人の子は、アマテラスの持ち物から生まれたので、アマテラスの子だということになりました。それで最初に生まれたオシホミミが、アマテラスの太子（ひつぎのみこ）になったのです。『古語拾遺』という書物には、このオシホミミをアマテラスが可愛くてたまらずに、いつも自分の脇の下に抱いて育てたと書かれています。

た。

『古事記』の神話には、タカミムスヒが天の神さまたちを指揮し活躍することを始めたのは、このときからであったように物語られています。

オシホミミからの報告を聞くと、タカミムスヒはすぐにアマテラス大御神といっしょに、天《あめ》の安《やす》の河という天上を流れる河の河原に、八百万人の天の神さまたちを呼び集めました。そして自分の子のオモヒカネという知恵の神さまを中心にして、国土をアマテラスの子が支配することを、地上の神さまたちに承知させるために、どの神さまを使者に出せばよいか、みんなで考えるように命令したのです。

天の神さまたちは相談して、「アメノホヒ*の神を、お遣わしになるのがよいでしょう」と申しました。それでこの神さまが派遣されたのですが、そのアメノホヒは地上の神さまたちの支配者のオホクニヌシに、すっかり手なずけられてしまって、三年たっても天に報告に帰って来ませんでした。

そこでタカミムスヒとアマテラスは、また前と同じようにして天

*アメノホヒもやはりスサノヲが、アマテラスが飾りにつけていた曲玉から生み出した、子どもたちの一人で、右の耳のわきに輪の形に束ねられた髪につけられていた曲玉から、二番目に生み出されたと言われています。

の神さまたちを集め、相談をさせてから、今度はアメワカヒコという神さまに、弓と矢を持たせて地上に降りて行かせました。ところがこの神もオホクニヌシから、娘のシタテルヒメという女神を妻にもらい、喜んで地上にいついてしまって、八年たっても高天原には、何の音さたもありませんでした。

タカミムスヒとアマテラスはそこで、また天の神さまたちに相談をさせ、ナキメという名の雌のキジを遣わして、「八年もたつのになぜ、天に帰って報告をしないのか」と、アメワカヒコにたずねさせることにしました。ところがこのキジが、アメワカヒコの家の門口の桂の木に止まって、命じられた通りのことを言うと、アメワカヒコはその声をうるさがって、天から持ってきた弓と矢を使って、そのキジを射殺してしまったのです。アメワカヒコが射た矢は、キジの胸を貫いてから天まで飛んで来て、ちょうどタカミムスヒとアマテラスが天の安の河の河原に天の神さまたちを集めている、その場所にとどきました。

タカミムスヒは、羽が血にまみれたその矢を取り上げ、「これはア

対馬の上県郡佐護にある神御魂神社の御神体の木像。日輪を抱いた女体として、カムムスヒを表わしている

メワカヒコに持って行かせた矢だ」と言って、天の神さまたちみんなに見せてから、こうおごそかに言ってその矢を、地上に投げ返しました。

「もしアメワカヒコが命令した通りにこの矢を、反抗する地上の神に向かって射たのなら、アメワカヒコに当たるな。もし悪い心があったのなら、アメワカヒコはこの矢で死ね」

そうすると矢は、寝床にいたアメワカヒコの胸に命中し、アメワカヒコは死にました。*

それからタカミムスヒとアマテラスは、またオモヒカネと天の神さまたちみんなの意見を聞いてから、今度こそ決め手になるように、タケミカヅチというとても強い剣の神さまを使者に任命しました。そしてこの神を、アメノトリフネというもう一人の神さまといっしょに、出雲にいるオホクニヌシのところに降りて行かせて、「アマテラスの子に、国の支配を譲れ」という、天からの命令を伝えさせました。

そうするとさすがのオホクニヌシも、このタケミカヅチの威力に

*タカミムスヒがアメワカヒコを、矢を投げ返して殺したことは、『古事記』にこう書いてあります。

ここにその矢雉子の胸より通りて逆に射上げて、天の安の河の河原にましまます天照らす大御神高木《たかぎ》の神の御所《みもと》に逮《いた》りき。この高木の神は、高御産巣日《たかみむすひ》の神の別の名なり。かれ高木の神、その矢を取らして見そなはせば、その矢の羽に血著《つ》きたり。ここに高木の神告りたまはく、「この矢は天若日子に賜へる矢ぞ」と告りたまひて、諸《もろもろ》の神たちに示《み》せて詔りたまはく、「もし天若日子、命を誤《たが》へず、悪ぶる神を射つる矢の至れるならば、天若日子にな中《あた》りそ。もし邪《きたな》き心あらば、天若日子この矢にまがれ」と告りたまひて、その矢を取らして、その矢の穴より衝き返し下したまひしかば、天若日子が、朝床に寝たる高胸坂《たかむなさか》に中《あた》りて死

は対抗ができず、子どもの神さまたちといっしょに降参し、国をアマテラスの子に献上し、自分は地上から姿を隠すことを約束しました。それでタカミムスヒとアマテラスは、オシホミミにまたあらためて、降りて行って国土を支配するように、命令しました。

ところがそのときちょうど、タカミムスヒの娘でオシホミミの妻になっていた、ヨロヅハタトヨアキツシヒメという女神さまが、玉のような男の赤子を、生んだところだったのです。オシホミミはそれで、ホノニニギという名のその自分の子の神さまを、代りに降らせることにしたいと提案し、タカミムスヒとアマテラスも、そのことを承知しました。そして自分たちの孫のホノニニギに、三種の神器を授け、選りすぐった天の神さまたちをお供につけて、天から降りて行かせたので、このようにして天孫《てんそん》のホノニニギの命がこの国土に降臨《こうりん》し、そこで皇室の祖先となったのだと言われています。**

カムムスヒとタカミムスヒとは、『古事記』の神話ではこのように、一方はオオクニヌシが国作りをするのを助けたのに対して、他方はそのオオクニヌシを降参させて、国土を献上させるために、終にき。

** このことは『古事記』には、こう書いてあります。

ここに天の児屋《こやね》の命、布刀玉《ふとだま》の命、天の宇受売《うずめ》の命、伊斯許理度売《いしこりどめ》の命、玉《たま》の祖《おや》の命、并《あは》せて五伴《いつとも》の緒《を》を支ち加《あか》へて、天降らしめたまひき。

ここにその招《を》きし八尺《やさか》の勾璁《まがたま》鏡、また草薙《くさなぎ》の剣、また常世《とこよ》思金《おもひかね》の神、手力男《たぢからを》の神、天の石《いは》門《と》別《わけ》の神を副へ賜ひて詔りたまはくは、「これの鏡は、もはら我が御魂として、吾が前を拝《いつ》くがごと、斎《いつ》きまつれ。次に思金の神は、前の事を取り持ちて、政《まつりごと》をしたまへ」とのりたまひき。

『日本書紀』にはこのときアマテラスがホノニニギに、こんな厳かな詔勅を述べたと、書かれています。

始一貫してアマテラス大御神に協力したとされているのです。だから、この二人の偉い神さまたちは、どちらも世界の始まったときから高天原にいて、他の神さまたちを指揮していても、立場はまるで反対で、たがいにはっきり対立する関係にあると思われるのです。

『古事記』の神話の最初にまず登場している造化の三神はこのように、対立する二人の神さまのあいだに、中央にいて何もしない神さまの天の御中主がいるという、ちょっと奇妙に思えるような組み合わせになっています。しかもこのように、対立したり争ったりする二人の神さまの中間に、何もしない神さまがいるという、三人の神さまたちの組み合わせは、『古事記』の神話にはなぜかこのほかにも、節目と思えるようなところにくり返して出てきます。そしてそのことが、日本の神話の大きな特徴の一つになっていると思えるのです。

それだけでなく、神話に見られるこの特徴は、昔から現在までずっと、日本の文化と、私たち日本人のものの感じ方や考え方の土台となってきた、心の微妙な動きの特徴を、よく表わしていると考え

葦原の千五百秋《ちいはあき》の瑞穂《みつは》の国は、是、吾が子孫《うみのこ》の王《きみ》たるべき地《くに》なり。爾皇孫《いましすめみま》、就《い》でまして治《しら》せ。行矣《さきくませ》。宝祚《あまつひつぎ》の隆《さか》えまさむこと、当《まさ》に天壌《あめつち》と窮《きはま》り無けむ。

これがいわゆる「天壌無窮《てんじょうむきゅう》の詔勅」と、言われているものです。

られます。そしてその特徴はまた、これからの世界の中で日本が果たすことができそうな役目とも、関係するのではないかと思えます。それで次章からは、そのことをもっとよく考えてみたいと思います。

その**九**

対立する二神の
まん中にいる
何もしない神さま

前回には「造化《ぞうか》の三神」とも呼ばれる、天《あめ》の御中主《みなかぬし》とタカミムスヒとカムムスヒという三人のとくべつに偉い神さまたちのことを、お話しました。『古事記』の神話ではこの神さまたちは、まだ天と下界とが分かれたばかりで、ほかのものが何もなかった大むかしに、天上の高天原《たかまがはら》で三人が次々に生まれ、それがこの世界ができていく始まりとなったと言われています。ところが奇妙なことに、三人の中でもいちばん最初に生まれたとされていて、名前を見ても間違いなくいちばん偉いと思える天の御中主については、いったいどんな役目を持っていて何をする神さまなのかということが、神話のどこにもまったく語られていないのです。つまり神話を見るかぎりでは天の御中主は、だんぜん偉いがなぜか何もしない神さまであると思えるのです。

それに対してタカミムスヒとカムムスヒとは、『古事記』の神話の中ではっきりと、おたがいにちょうど反対の立場に立って、偉い神さまとして活躍をしていると思えます。なぜなら一方のカムムスヒは、自分は天上にいてもっぱら、地上にいるオホクニヌシの命を保護したり助けてやることが、そのつとめだったように物語られています。ところがそれとあべこべに他方のタカミムスヒは、アマテラス大御神といっしょに天の神さまたちを指揮しながら、その同じオホクニヌシの命に対して、天からいろいろな神さまを使者として送って、きびしい圧力をかけたことになっています。そしてオホクニヌシがそれまで、カムムスヒに助けられながら、「国作り」をし豊かな土地に作り上げて、主《ぬし》となり支配していた国土を献上させ、そこにアマテラスの孫でまた自分の孫でもあった、天孫のホノニニギの命が降臨《こうりん》して皇室の祖先になるまで、尽力を惜しまなかったと物語られているからです。

天の御中主は名前を見ても、天の中央にいる神さまだということがはっきりしています。そうすると造化の三神たちの関係は、いっしょに生まれた三人の偉い神さまのうちの二人が、おたがいにはっきり対立していて、その中央に何もしない神さまがいるということになります。

『古事記』の神話には、前回の最後にもちょっと触れたようになぜか、これとよく似た関係の三人の偉い神さまたちの組み合わせが、この造化の三神のほかにも、神話の大切な節目と思えるようなところに、くり返して出てきます。

スサノヲの命が高天原に昇って行き、そこで姉さんのアマテラス大御神に対して、さんざんひどい乱暴をしたという事件のことは、前にお話しました。このときには優しいアマテラスもしまいにとうとうすっかり腹を立てて、天の岩屋の中に閉じこもってしまい、太陽が隠れたために、世界中にいつまでもまっ暗な夜が続くという、大変なことになりました。それでみんなで協力し、苦労してやっとアマテラスを岩屋から招き出して、世界がまた太陽のまぶしい光で、ぱっと明るく照らされたところで、天の神さまたちは、罰にたくさんの品物を出させた上に、ひげと手足の爪を切ってから、スサノヲ

天の岩屋から招き出されるアマテラスを描いた、豊国(三代目)の錦絵

を天から追放したと物語られています。*

つまりアマテラスとスサノヲとは、姉弟であるのにこの話ではなんと、そのために世界中にとんでもない大混乱が起こるほど、はげしい争いをしたとされているのです。そしてそのあげくしまいには二人は、アマテラスは天上にそしてスサノヲは下界へと、姉弟が別々の世界にけんか別れしてしまったことに、なっているわけです。

ところがアマテラス大御神には、このスサノヲのほかに、弟の偉い神さまがもう一人いることになっているのです。それは、あの月の神さまのツクヨミの命です。そしてこの三人姉弟の神さまたちは、『古事記』の神話では次のようにして、三人がいっしょに父の神さまの身体から生まれたと、物語られているのです。

姉弟たちの父の神さまというのは、イザナキの命です。あるときイザナキは、黄泉国《よもつくに》という地下にある死者たちの国まではるばる旅をして行って、そこで死んだ妻の女神のイザナキの命に会ってから、また一人で地上に帰って来ました。そして、「とてもいやな汚ない国へ行って来たので、身体を洗い清めよう」と言って、九州のあると

*天の神さまたちがスサノヲを追放したことは、『古事記』には、「ここに八百万の神共に議《はか》りて、速須佐《はやすさ》の男《を》の命に千座《ちくら》の置戸《おきと》を負せ、また鬚と手足の爪とを切り、祓へしめて、神逐《かむやら》ひ逐ひき」と、書かれています。

『日本書紀』にはそのことが、こうも書いてあります。

然して後に、諸《もろもろ》の神罪過《つみ》を素戔鳴尊《すさのをのみこと》に帰《よ》せて、科するに千座置戸《ちくらおきと》を以てして、遂に促《せ》め徴《はた》る。髪を抜きて、其の罪を贖はしむるに至る。亦曰《い》はく、其の手足の爪を抜きて贖ふといふ。已《すで》にして竟《つひ》に逐 降《かむやらひやら》ひき。

ころの海岸に行き、そこで身に着けていたものをみんな脱ぎ捨ててから、水に入ってていねいにみそぎをしました。

このときにもう身体中をすっかり洗い終えて、清らかになったところで、イザナキが左の目を洗うと、その目からアマテラス大御神が生まれました。次に右の目を洗うと、そこからツクヨミの命が生まれ、それから鼻を洗うと、スサノヲの命が生まれました。*

この子どもたちを見て、イザナキは本当に心の底から大喜びしました。そしてこう叫んだと、言われています。

「吾《われ》は子を生み生みて、生みの終《はて》に、三はしらの貴子《うづみこ》を得たり」

「自分はずいぶん大勢の子どもたちを生んだが、その最後にとくべつに貴い子どもたちが三人できた」と、いうことです。それでこのアマテラスとツクヨミとスサノヲの姉弟のことを、三貴子《さんきし》とも呼ぶようになったのです。

それからイザナキは、それまで自分がかけていたそれはそれは美しい玉の首飾りを取って、ゆらゆらとおごそかに、振り動かしました。そしてそれをさずけ、「あなたは、高天原を支配しなさい」と言

*この三貴子の誕生のことは、『古事記』には、こう書かれています。

ここに左の御目を洗ひたまふ時に成りませる神の名は、天照らす大御神。次に右の御目を洗ひたまふ時に成りませる神の名は、月読《つくよみ》の命。次に御鼻を洗ひたまふ時に成りませる神の名は、建速須佐《たけはやすさ》の男《を》の命。

って、アマテラスをまず、高天原の女王さまにしました。それから次にツクヨミに、「あなたは、夜の世界を支配しなさい」と、またスサノヲには、「あなたは、海原《うなばら》を支配しなさい」と、それぞれ命令したと言われています。**

つまり三人の姉弟は、生まれたところをほんの一目見ただけで、父の大神がたちまち歓喜して、思わず叫び出さずにいられなかったほど、本当にきわだって貴い神さまたちだったのです。それで生まれるともうすぐに、父の神さまから、それぞれがとても大切な領分を割り当てられて、これからは三人で分担して世界を支配して行くように、命令されたことになっているわけです。

ところがその三貴子のうちのいちばん上の姉さんのアマテラスと、末の弟のスサノヲとは、さっきも見たように本当にはげしいいがみ合いをしたと物語られています。そして最後には天上と下界とに、別れ別れになってしまったとされているのです。

それではこの二人のまん中にはさまれている、もう一人の兄弟のツクヨミはどうでしょうか。『日本書紀』の神話には、この神さまが

** このことは『古事記』には、こう書いてあります。

すなはちその御頸珠《みくびたま》の玉の緒ももゆらに取りゆらかして、天照らす大御神に賜ひて詔りたまはく、「汝が命は高天の原を知らせ」と、言依《ことよ》さして賜ひき。かれその御頸珠の名を、御倉板挙《みくらたな》の神といふ。次に月読《つくよみ》の命に詔りたまはく、「汝が命は夜の食国《をすくに》を知らせ」と、言依さしたまひき。次に建速須佐《たけはやすさ》の男《を》の命に詔りたまはく、「汝が命は海原を知らせ」と、言依さしたまひき。

したことを物語っている話が、たった一つだけあります。それはこれまでにもう何度か取り上げた、あのウケモチの神を主人公にしている話です。その中にはツクヨミが地上で、口から出した食物を自分に食べさせようとしたウケモチを、「なんという汚ないことをするのだ」と言って憤慨して殺してから、天に帰ってそのことをありのままに報告し、アマテラスをとても怒らせたということが、語られています。

だが、『古事記』の神話には、なぜかこの偉いはずのツクヨミがしたことは、どこにもなに一つとして語られていません。ですから『古事記』の神話ではツクヨミはやはり、前にみた天の御中主と同じように、偉いのに何もしていない神さまだということになります。このようにこの三貴子も、いっしょに生まれた偉い三人の神さまのうち、二人がはっきりおたがいに対立していて、そのまん中に何もしない神さまがいるというところが、造化の三神たちの関係とそっくりなのです。

次に日本の神話のおしまいのところを見てみましょう。そこに語

シホツチとホヲリ(『彦火火出見尊絵巻』曇華院:部分)

られているのは、天孫《てんそん》のホノニニギの命が、九州の南の日向《ひゅうが》（今の鹿児島県と宮崎県）という地方に降臨《こうりん》をしてから、そこで起こったことになっている、いろいろな事件です。そしてその主役になって活躍をしているのがだれかと言えば、それはもういうまでもなく、海幸彦と山幸彦というあだ名をつけられている、あの兄弟の神さまたちです。

だれでも知っている有名な話の通りに、この兄弟のうち兄さんだった海幸彦のホデリの命は、魚取りの不思議な力の宿った釣針を持っていて、毎日それを使って海で漁をしていました。弟の山幸彦のホヲリの命は、鳥や獣を取る力の宿っている弓矢を持っていて、山で毎日、狩をしていました。* ところがあるときホヲリの命は、兄さんがいやがって三べんも断ったのに、むりに頼んで、兄さんの釣針と自分の弓矢とを、一日だけとりかえてもらいました。そして海に出て漁をしたのですが、一匹の魚もつれず、しまいに釣針を魚に取られて、なくしてしまったのです。

ホヲリからこのことを聞いたホデリは、たいそう腹を立て、いく

*『古事記』にはこのことが、「かれ火照《ほでり》の命は、海佐知毗古《うみさちびこ》として、鰭《はた》の広物鰭《ひろものはた》の狭物《さもの》を取り、火遠理《ほをり》の命は山佐知毗古《やまさちびこ》として、毛《け》の麁物毛《あらものけ》の柔物《にこもの》を取りたまひき」と、書いてあります。

らあやまってても許してくれませんでした。ホヲリはそこで、自分の剣をこわし五百本の釣針を作ってべんしょうしようとしましたが、ホデリは受け取らず、千本の釣針を作って持って行っても、やはり受け取らずに、自分の大切な宝だったあの釣針を、どうしても返せと言い続けるだけだったのです。

困りはてたホヲリは、どうすればよいかわからずに、海べで泣いていました。するとそこにシホツチという親切な年寄りの神さまがやって来て、すきまのない籠の船を作って、ホヲリをそれに乗せてくれました。そして、「海の支配者の神さまのワダツミが住んでいる御殿の門のところに着かれたら、井戸の上にのびているカツラの木の枝の上で、待っておいでなさい」と教えて、船を海に押し流してくれたのです。*

言われた通りにしてその御殿に着いたホヲリが、枝の上にいると、一人の侍女が玉の器を持って、水を汲みにやって来ました。ホヲリは彼女に、「水を飲ませてほしい」と頼み、器を渡されるとその中に、自分の首にかけていた飾りの玉を取って、吐き入れました。そうす

＊シホツチがホヲリのためにしてくれたことは、『古事記』にはこう書かれています。

ここに塩椎《しほつち》の神、「我、汝が命のために、善き議《たばかり》せむ」といひて、すなはち間《ま》なし勝間《かつま》の小船を造りて、その船に載せまつりて、教へてまをさく、「我、その船を押し流さば、やや暫《しまし》いでまさば、御路《みち》あらむ。すなはちその道に乗りていでましなば、魚鱗《いろこ》のごと造れる宮室《みや》、それ綿津見《わたつみ》の神の宮なり。その神の御門に到りたまはば、傍の井の上に湯津香木《ゆつかつら》あらむ。かれその木の上にましまさば、その海《わた》の神の女、見て議《はか》らむものぞ」と教へまつりき。

ると玉は、器から離れなくなったので、侍女はしかたなく、玉がついたままの器を、ワダツミの娘のトヨタマビメという女神さまのところに、持って帰りました。

するとそれを見てふしんに思ったトヨタマビメは、侍女にわけをたずねてから、自分も出てきてホヲリを見て、その気高い美しさに心を奪われました。そして父にそのことを報告したので、ワダツミはさっそく、ホヲリを御殿の中に迎え入れ、トヨタマビメと結婚させました。それでそれから三年のあいだホヲリは、とても幸福に暮らし、陸の上であったことは、すっかり忘れていたのです。

だがある夜ホヲリは、兄さんとのあいだにあったことを思い出して、とつぜん大きなため息をつきました。トヨタマビメはこれに気がついて心配でたまらず、朝になると父にそのことを打ち明けて相談しました。

ワダツミはそこで、ホヲリにため息をついたわけを、質問しました。それでホヲリは、兄さんから借りた釣針をなくし、どうしても返せと要求されて困ったことの一部始終を、くわしく説明しました。

するとワダツミは、魚たちを集めて釣針を取ったものがいないかとたずね、タイののどに刺さっていたのを見つけると、取り出して洗い清めてから、ホヲリにそれを渡してこう言ったのです。

「これをお返しになるときには、貧乏針、悲しみ針、失敗針だと言いながら、後を向いてお渡しなさい。そして兄さんが高いところに田を作ったら、あなたは低いところに作り、兄さんが低いところに作ったら、あなたは高いところにお作りなさい。そうすれば、雨を降らすのは私ですので、三年で兄さんは貧しくなるでしょう。そうしたら恨んで攻めてくるかもしれませんが、そのときはこの潮満《しおみ》つ玉と潮干《しおひ》る玉という海水を自由に満ちさせたり引かせることのできる二つの玉を出し、兄さんをおぼれさせたり助けたりして、苦しめておやりなさい*」

　そしてワダツミは、その二つの玉を釣針といっしょに持たせて、ホヲリを陸の上に帰らせました。ホヲリは教えの通りにして、釣針を兄さんに返し、それからはいつも兄さんとはちがう場所に田を作りました。

*ワダツミがホヲリに言ったことは、『古事記』にはこう書いてあります。

　この鉤をその兄に給ふ時に、のりたまはむ状は、この鉤は、淤煩鉤《おぼち》、須々鉤《すすち》、貧鉤《まぢち》、宇流鉤《うるち》といひて、後手《しりへで》に賜へ。然してその兄高田《あげた》を作らば、汝が命は下田《くぼた》を営りたまへ。その兄下田を作らば、汝が命は高田を営りたまへ。然したまはば、吾水を掌《し》れば、三年の間にかならずその兄貧しくなりなむ。もしそれ然したまふ事を恨怨《うら》みて攻め戦はば、塩盈《しほみ》つ珠を出して溺らし、もしそれ愁へまをさば、塩乾《しほふ》る珠を出して活《いか》し、かく惚苦《たしな》めたまへ。

そうするとホデリが高い田を作ると、雨が少なくて水がかれ、低い田を作ると雨が多すぎて流れてしまって、ホヲリの田にはいつも適量の水があることが続いたので、三年でホデリはすっかり貧乏になり、弟を恨んで攻めて来ました。そこでホヲリはまた教わった通りに、二つの玉を使って、おぼれさせたり助けたりして苦しめたので、ホデリは降参して、弟の家来になり、踊りや番兵の役をして、いつまでも奉仕を続けると、約束しました。**

ホデリの命は、隼人《はやと》と呼ばれ九州の南に住んでいた人たちの祖先の神さまです。それで隼人たちは、昔に祖先がしたこの約束の通り本当に、ホヲリの命の子孫の天皇のために、儀式で舞いを踊ったり、門の護衛をして奉仕していたのだということです。

ところがこんな争いをしたことになっている。ホデリとホヲリとはそれぞれが、三つ子の兄弟のいちばん上の兄さんと、末の弟なのです。つまり二人のあいだにはもう一人、まん中の兄弟の神さまがいるわけです。だがホスセリの命というその神さまがしたことは、なぜか神話のどこにも、なに一つとして語られていないのです。

** ホヲリがワダツミに教えられた通りにして、兄さんを苦しめて降参させたことは、『古事記』にはこう書いてあります。

ここを以ちてつぶさに海《わた》の神の教へし言の如、その鉤を与へたまひき。かれそれより後、いよよ貧しくなりて、更に荒き心を起して迫め来《く》。攻めむとする時は、塩盈つ珠を出して溺らし、それ愁へまをせば、塩乾る珠を出して救ひ、かく惚苦《たしな》めたまひし時に、稽首《のみ》白《まを》さく、「僕は今より以後、汝が命の昼夜の守護人となりて仕へまつらむ」とまをしき。かれ今に至るまでその溺れし時の種々の態《わざ》、絶えず仕へまつるなり。

この兄弟たちのお母さんは、オホヤマツミという山の神さまの娘で、コノハナノサクヤビメと呼ばれ、その名前の通り本当に花のように美しい女神さまでした。天孫のホノニニギの命と結婚し、たった一晩しか夫婦のちぎりを結ばなかったのに、妊娠をしたため、夫に貞操をうたがわれるとこの女神は、戸もすきまもない家の中に閉じこもって、その家に火をつけました。そして燃える火の中で、三人の子を次々に無事に生んで見せて、その子どもたちがたしかに、天孫の血を引いた尊い神さまたちであることを、証明してみせたと言われています。*

つまりこの兄弟もやはり、三人がいっしょに生まれた偉い神さまたちなのです。そしてその中の二人がはっきりと対立し、まん中に何もしない神さまがいるという組み合わせになっているわけです。

このような三人の偉い神さまたちの組み合わせが、『古事記』の神話に何度もくり返し出てくることに、最初に注意したのは、深層心理学という学問の大家として有名な、河合隼雄さんという方です。河合さんはこれを、ちょっとむずかしい言い方ですが、「古事記神話

*このことは、『古事記』にはこう書かれています。

すなはち戸無し八尋殿《やひろどの》を作りて、土もちて塗り塞《ふた》ぎて、産む時にあたりて、その殿に火を著《つ》けて産みたまひき。かれその火の盛りに焼ゆる時に、生《あ》れませる子の名は、火照《ほてり》の命。次に生れませる子の名は火須勢理《ほすせり》の命、次に生れませる子の御名は火遠理《ほをり》の命、またの名は天《あま》つ日高日子穂穂出見《ひこひこほほでみ》の命。

の中空構造」と呼び、「無為の中心」を持つことがその特徴だと言っています。

その十

争いを緩和する
〝無為の中心〟の
不思議な働き

前章まで二度にわたって、日本の神話に深層心理学の大家の河合隼雄さんが「中空構造」と名づけられた、ちょっと奇妙だと思えるような特徴があることを、説明してきました。それは対立する二人の神さまのまん中に何もしない神さまがいるという、三人の偉い神さまたちの組み合わせが、神話の大切な節目ごとに、くり返して出てくることで、『古事記』の神話にとくべつはっきり見られます。

このことと関係して、これも河合さんが注意したことですが、日本の神話の中では、はっきりした対立や激しい争いがあっても、その当事者のうちの片方のものだけが、一方的に完全な悪者にされたり、退治されてすっかり亡んでしまうようなことが、なぜかめったに起こっていません。* たとえば前に見た、アマテラス大御神とスサノヲの命との争いの場合にも、そのことは、とてもはっきりしてい

*このことは、河合さんが書かれた次の本の中で、よく説明されています。
河合隼雄『中空構造日本の深層』（中央公論社）
河合さんはまた同じような特徴が、日本の昔話にも見られることを、次の本の中で分かりやすく説明しておられます。
河合隼雄『昔話と日本人の心』（岩波書店）

ると思えます。

なぜなら高天原で大御神に対してしたひどい乱暴の話だけを見れば、スサノヲはたしかに、弁護の余地もまったくないとんでもない悪者であるように、だれの目にも見えます。だが神話をよく見てみると、この事件のすぐ前に、こんなひどいことをしてもスサノヲがけっして、心からの悪者ではないということを、前もってちゃんとはっきり証明するような出来事が起こっているのです。

スサノヲが生まれるとすぐに、父のイザナキの命から海の支配を命じられたのに、その命令に従わずに、いつまでもワーワーと泣きわめき続けて世界を混乱させ、しまいに怒ったイザナキに追放されると、アマテラスに会いに高天原へ昇って行ったということは、前にお話ししました。その時の有様が『古事記』には、「すなはち天にまゐ上りたまふ時に、山川悉《ことごと》に動《とよ》み国土皆震《ゆ》りき」と、書かれていますす。つまりその勢いがあまり激しかったので、地上には大地震が起こったというのです。

天上まで響いてきたこのすごい物音を聞いて、アマテラスはびっくりしました。そしてスサノヲがてっきり、悪い心を起こし、自分が支配している高天原を、奪い取ろうとしてやって来るのにちがいないと、思いこんだのです。

アマテラスはそこで、髪の毛をりりしい男の髪形に結い上げ、頭と両腕にみごとな曲玉《まがたま》をたくさんつらねた美しい飾りを巻きつけ、背中に矢が千本入った筒を背負った上に、脇腹にも五百本の矢を入れた筒を付けました。そして手に持った弓を勇ましく振り動かしながら、固い地面を、脚が股《もも》のへんまで埋まってしまうほど力いっぱいに踏みつけて、土をまるで柔かなあわ雪であるように蹴散らし、りんりんとした叫び声をあげて、スサノヲを待ちかまえていて、「なぜ昇って来たのですか」と、きびしく詰問をしたのです。そうするとスサノヲは、こう答えました。

「私には、けっして悪い心はありません。ただ父の大神が怒って、もうこの国にいるなと言われ、私を追い払われたので、お別れのごあいさつを申し上げたくて、ここまではるばる昇って参りました。曲った思いは、少しも持っていません」*

*スサノヲがアマテラスに言ったことは、『古事記』にはこう書いてあります。

僕は邪《きたな》き心無し。ただ大御神の命もちて、僕が哭きいさちる事を問ひたまひければ、白しつらく、僕は妣《はは》の国に往《い》なむとおもひて哭くとまをししかば、ここに大御神汝はこの国にな往《とど》まりそと詔りたまひて、神逐《かむやら》ひ逐《やら》ひ賜ふ。かれ罷り往かむとする状《さま》をまをさむとおもひて参ゐ上りつらくのみ。異《け》しき心無し。

また『日本書紀』にはスサノヲがこのときこう言って、アマテラスに対して真情をせつせつと訴えたとも、書かれています。

吾は元《はじめより》黒《きたな》き心無し。但し父母已《すで》に厳しき勅有りて、永《ひたふる》に根国《ねのくに》に就りなむとす。如《も》し阿姉《なねのみこと》と相見《あひまみ》えずは、吾何ぞ能く敢へて去らむ。是を以《も》て、雲アマテラスはそこで、「それではどうすれば、あなたの心が清らかなことが分かるのでしょうか」と、たずねました。するとスサノヲは、「それならばそのために、おごそかに誓いを立ててから、あなたと私がおたがいに子どもを生んでみましょう」と、提案をしました。

それから姉弟の神さまは、天の安の河という天上を流れている河を、二人の中間にはさんで向かい合い、おたがいの心の有様がはっきり分かるような子をかならず生もうと、おごそかに誓い合いました。そしてアマテラスがまず、スサノヲから剣をもらい受けると、それを三つに折って天《あま》の真名井《まない》という井戸でさらさらと洗い清めてから、口に入れてばりばりと噛みくだきました。それからぷうっと吐き出すと、その息吹《いぶ》きの霧の中から、三人の女神さまたちが次々に誕生しました。

その次に今度はスサノヲが、アマテラスから、髪と両腕に巻きつけている曲玉の飾りを五つ次々に、もらい受けました。そしてそれを同じように、天の真名井で洗い清めては、口に入れ噛みくだいて吐き出すと、息吹きの霧の中から、五人の男の神さまたちが生まれ

霧を跋渉《ふ》み、遠くより来参《まうき》つ。
意はず、阿姉《なねのみこと》翻《かへ》りて起厳《いか》顔り
たまはむといふことを。

ました。

アマテラスはそこで、スサノヲにこう言いました。

「このあとから生まれた男の子たちは、私が身に着けていたものから生まれたのですから、私の子です。その前に生まれた女の子たちは、あなたが身に着けていたものから生まれたのだから、あなたの子です」

そうするとスサノヲは、「私の心が清らかだから、私からは優しい女の子たちが生まれたので、私の勝ちです」と言って、アマテラスに対して勝ち誇ったと言われています

つまりスサノヲは、たしかにとても乱暴でたけだけしい男の神さまですが、このときには本当に、姉さんのアマテラスを心から慕う優しい気持ちを持って、天に昇って来たのです。そしてそれに対してアマテラスの方は、本当はとても優しくて慈悲深い女神さまであるのに、このときだけはスサノヲの攻撃から高天原を、だんこ守ろうと覚悟を決め、男のようなたけだけしい心を、燃やしていたわけです。* それでそのような二人の神さまの心の有様が、そのまま表現

＊スサノヲを迎えたときのアマテラスの本当に勇壮な様子は、このように『古事記』に描かれています。

ここに天照らす大御神聞き驚かして、詔りたまはく、「我が汝《な》兄《せ》の命の上り来ます由《ゆゑ》は、かならず善《うるは》しき心ならじ。我が国を奪はむとおもほさくのみ」と詔りたまひて、すなはち御髪を解きて、御髻《みみづら》に纏かして、左右の御髻にも、御縵《みかづら》にも、左右の御手にも、みな八尺《やさか》の勾璁《まがたま》の五百津《いほつ》の御統《みすまる》の珠を纏き持たして、背には千入《ちのり》の靫《ゆき》を負ひ、腹には五百入《いほのり》の靫《ゆき》を附け、また臂《ただむき》には稜威《いつ》の竹鞆《たかとも》を取り佩ばして、弓腹《ゆはら》振り立てて、堅庭《かたには》は向股《むかもも》に蹈みなづみ、沫雪なす蹶《く》ゑ散《はららか》して、稜威《いつ》の男建《をたけび》、蹈み建《たけ》びて、待ち問ひたまひしく、「何とかも上り来ませる」と問ひたまひき。

されて、スサノヲからは女の子が、アマテラスからは男の子が生まれ、それによってスサノヲの心に、本当に何の悪意もないことが、はっきり証明されたことになっているのです。

だからこの話に照らして見れば、スサノヲがこのあとに、高天原でアマテラスに対してしてしたひどい乱暴も、けっして本当の悪意を持ってしたのでは、なかったことになると思われます。つまりアマテラスを慕って天に昇って来たスサノヲは、前にも述べたことがあるようにやはり、まるで母の慈愛に甘えるだだっ児のようにして、アマテラスに甘えのかぎりをつくしながら、付け上がってとんでもない悪戯を重ねたことになっているのだと、思えるわけです。

そしてまたその乱暴の罰を受けて、スサノヲはたしかに高天原から追放されたと物語られていますが、それで亡んでしまったことには、なっていません。それどころかそのあとではじめて、ヤマタノヲロチを退治するという、偉い神さまにふさわしい立派な手柄をたてた上に、その怪物の尾の中から、皇室の三種の神器の一つになるクサナギの神剣を手に入れ、それをアマテラスに献上して、天上で自分が犯した罪の埋め合わせまで、ちゃんとつけたことになっています。*またクシナダヒメと結婚して、あのオホクニヌシの命の祖先になり、そのオホクニヌシを地下の根の国に迎えて、そこで八十神《やそがみ》を征伐し国作りができる強い神さまにしてから、地上に帰らせたことでも、世界のためにそれはそれは大切なことをしたことになっているのです。

　ではこのことは、これも前回に見た海幸彦と山幸彦の争いの話では、どうでしょうか。この争いはたしかに、山幸彦の方が完全に勝って終わったことになっています。だがそれにもかかわらず、この話でもやはりよく読んでみると、負けた海幸彦の方が何から何まですっかり悪かったことには、けっしてなっていません。

　なぜなら山幸彦のホヲリの命が、海幸彦のホデリの命にむりにたのんで、自分の弓矢と兄さんの釣針とを一日だけとりかえてもらったときのことは、『古事記』には、こう書かれています。

「ここに火遠理《ほをり》の命、その兄火照《ほでり》の命に、『おのもおのも幸易《さちか》へて用ゐむ』と謂《い》ひて、三度乞はししかども、許さざりき。然れども遂

＊スサノヲがヤマタノヲロチを退治したときに、クサナギの剣を手に入れて、アマテラスに献上したことは、『古事記』にこう物語られています。

　ここに速須佐《はやすさ》の男《を》の命、その御佩《みはかし》の十拳《とつか》の剣を抜きて、その蛇《をろち》を切り散《はふ》りたまひしかば、肥の河血に変《な》りて流れき。かれその中の尾を切りたまふ時に、御刀《みはかし》の刃毀《か》けき。ここに怪《あや》しと思ほして、御刀の前《さき》もちて刺し割きて見そなはししかば、都牟羽《つむは》の大刀あり。かれこの大刀を取らして、異しき物ぞと思ほして、天照らす大御神に白し上げたまひき。こは草薙の大刀なり。

にわづかにえ易《か》へたまひき」

つまりホデリはこの交換をするのを、とてもいやがって、ホヲリが三べんたのんでも断り続けたというのです。だがそれでもなお、弟がどうしてもあきらめずに、あまりしつこくたのんだので、とうとう根負けしてしまって、しかたなく本当にしぶしぶながら承知をさせられたことになっているのです。

兄さんがこんなにも大切にしていて、貸すのをこれほどいやがった釣針を、ホヲリは無理じいして借りて行っておきながら、それをなくしてしまったのです。だからホデリが怒って、ホヲリがどんなにあやまっても許さず、代りの釣針を五百本作って持って来ても、千本作って持って来ても受け取らずに、自分のかけがえのない宝物だったあの釣針を、どうしても返せときびしく要求して、弟を困らせたのも、けっして理不尽《りふじん》ではなかったのです。このことでは非《ひ》はむしろホヲリの方にあったと、思えます。

またこの二人の争いは最後には、ホデリの方が降参して決着がついたことになってはいますが、この場合にもホデリはやはり、負け

潮満つ玉を使って兄を苦しめるホヲリ(『彦火火出見尊絵巻』曇華院:部分)

はしても亡ぼされてはいません。ホヲリは兄さんが攻めて来れば、潮満《しおみ》つ玉を出し海水を満ちさせて溺れさせたが、あやまればすぐに潮干《しおひ》る玉を出し、水を引かせて生命を助けてやったと物語られています。そして降参をしたホデリは、舞いを踊って見せたり番兵の役をして、いつまでもホヲリに奉仕し続けると約束し、それでホデリの子孫の隼人《はやと》たちが、ホヲリの子孫の代々の天皇のために、その奉仕を続けることになったのだと、言われています。つまりこのやり方で負けたホデリの子孫は、長く天皇の側《そば》で役に立つ仕事を、果たすことになったのだとされているわけです。

　このように神話の中に対立とか争いがあっても、その当事者の片方が、悪者にされたり亡んでしまうことがめったにないということと、河合隼雄さんの言われる「中空構造」とのあいだには、切り離せない関係があると思われます。なぜならまん中にいつも、河合さんが「無為の中心」と呼ばれた何もしない偉い神さまがいるおかげで、対立したり争っている神さまは、どちらも自分が完全に中心に立ってしまうことができないからです。

＊このことを河合隼雄さんは、こう説明されています。

　日本神話の論理は統合の論理ではなく、均衡の論理である。それは一見すると、天皇家の正統性の由来を明らかにするためのものであり、権威ある中心と対立しているもののうちの一方がもし、世界の中心に自分の立場をしっかりと確立すればとうぜん、そのものが考えることとすることが、なんでもすべてぜったいに正しいことになります。そうなれば、その何から何まで正しいものに対して、反対したり争ったりするものは、ぎゃくにそれこそ完全な悪者の烙印を押され、てってい的に亡ぼされねばならぬことになります。ところが日本の神話ではまん中に「無為の中心」があることで、対立や争いがいつも微妙に緩和されるので、そのおかげでどちらか一方が何でも正しくて、他方は何でも悪いということには、めったにならないのだと河合さんは言うのです。*

河合さんはまた、こんな面白いことにも注意をしています。

日本の神話の中で、最初に語られている大きな事件と言えば、言うまでもなく、イザナキの命とイザナミの命という兄と妹の神さまが、天から降りてきて夫婦になり、日本の国土の島と大勢の神さまたちを生んだという、国生《くにう》みと神生《かみう》みの話です。それによると二人の神さまはまず、このときにはまだ一面の海だった下界に、オノゴ

しての天皇の存在を主張しているかに見える。しかし、既に明らかにしたように、『古事記』神話において中心を占めるものは、アメノミナカヌシ—ツクヨミ—ホスセリ、で示されるように、地位あるいは場所はあるが実体もはたらきもないものである。それは、権威あるもの、権力をもつものによる統合のモデルではなく、力もはたらきももたない中心が相対立する力を適当に均衡せしめているモデルを提供するものである。

中心が空であることは、善悪、正邪の判断を相対化する。統合を行うためには、統合に必要な原理や力を必要とし、絶対化された中心は、相容れぬものを周辺部に追いやってしまうのである。空を中心とするとき、統合するものを決定すべき、決定的な戦いを避けることができる。それは対立するものの共存を許すモデルである。

ロ島という最初の陸地の島を作ってから、その上に降りてきてそこに天までとどく柱を立て、そのまわりに大きな御殿を作りました。それから二人は話し合って、天《あめ》の御柱《みはしら》というその太い柱のまわりを、イザナミは右から、イザナキは左からまわって行って、出会ったところで結婚をすることにしました。

ところが二人が出会ったとき、まずイザナミの方がさきに、「あなにやし、えおとこを」つまり「本当にすばらしい、美男子ですね」と叫んで、イザナキの魅力をほめたのです。イザナキはそのあとで、「あなにやし、え娘子《をとめ》を」つまり「本当に美しい乙女ですね」と叫び返して、イザナミの魅力をほめました。

そのあとでイザナキはイザナミに、「女のあなたの方が、さきにものを言ったのは、よくなかった」と、言いました。それから二人は結婚したのですが、最初に生まれたのは、水の中にいて人や動物の生き血を吸う、あのいやらしいヒルとそっくりなできそこないの子でした。それで二人はこのヒルコを、葦《あし》の船に乗せ、流して捨ててしまいました。その次には淡島《あわしま》という島が生まれましたが、これも子の数に入らないほど貧弱でした。

二人の神さまはそこでいったんまた天に帰って、この失敗のことを報告しました。そして天の神さまたちといっしょに、わけを占ってみると、やはり女のイザナミがさきにものを言ったのが、よくなかったので、もう一度はじめからやり直しをすればよいことが、分かりました。それで二人はまたオノゴロ島に降り、前と同じようにして柱のまわりをまわって、今度は出会ったところで、まずイザナキが、「あなにやし、え娘子《をとめ》を」と叫びそのあとでイザナミが、「あなにやし、えおとこを」と叫び返しました。そしてその上で結婚のやり直しをすると、まず淡路島《あわじしま》から始まって、日本の国土のぜんぶで十四のりっぱな島が、次々に生まれたのだと物語られています。

女が男よりもさきにものを言ったら、その結婚は失敗に終わったというのですから、この話ではずいぶん露骨に、男の方が女よりずっと偉いのだと言われているように思えます。ところがこの話の中では、よく見るとそれとほとんど同時に、まったくあべこべの意味を持つと思える事件が、起こっていると河合さんは言うのです。*

*このことを河合隼雄さん御自身は、こう述べておられます。

男性原理と女性原理という点から見れば、そもそも、イザナキ・イザナミの結婚の儀式が印象的である。天の御柱を回るときに、イザナキは左より、イザナミは右より回ることになるが、イザナミが先に「あなにやし、えをとこを」と言い、イザナキがその後に「あなにやし、え娘子《をとめ》を」と言う。ところが、このとき女性が先にものを言ったのが悪く、ヒルコが生まれる。このヒルコは好ましくない子として、葦船に入れて流してしまう。このヒルコに対する解釈はいろいろとあるが、アマテラスがオオヒルメノムチと呼ばれるところから考えると、ヒルメに対するヒルコという対立が考えられる。『日本書紀』によれば、イザナキ・イザナミの子として、アマテラス、ツクヨミが生まれ、なぜならアマテラス大御神は、『日本書紀』の中では、ヒルメという名前でも呼ばれています。ヒルメというのは、太陽の女神さまという意味です。ところがアマテラスのこの別名は、一方でまた、イザナキとイザナミから生まれた最初のできそこないの子につけられている、ヒルコという名前と、はっきり一対になっていると思えます。そうするとこのヒルコという名前は、語呂合わせになっていて、水に住むヒルの子であるのと同時に、また女のヒルメに対しては、男の太陽の子でもあるという、二重の意味を持っていると思えるのです。

つまりイザナキとイザナミは、最初にまず男の太陽の子を生んだが、これはまるで水に住むヒルのようで、できそこないだったので、流して捨ててしまった。それと反対に、最後に三貴子の一人として生まれた、女の太陽のヒルメは、だれよりも尊い神さまだったので、すぐに天に昇って高天原の女王さまになったとされているわけです。

つまりこのヒルコとヒルメの関係では、女の方が男よりずっと偉

次にヒルコ、スサノヲが生まれるが、ヒルコは三年たっても立てず、棄てられることになっている。これはおそらく、日の女神に対する日の男性神がパンテオンから追われたことを意味しているのであろう。このように考えると、イザナキ・イザナミの結婚において、男性が先に言葉を発することを善しとすることで、男性の優位を示しているようだが、ヒルコを廃してヒルメを立てるところは、むしろ女性原理の優位を感じさせる。つまり、どちらか一方が優位になってしまうことはなく、必ずその後にカウンターバランス作用が生じるのである。

いことになっているので、日本の神話では男と女も、どちらがぜったいに偉いともはっきり決められてはいないようなのです。

その十一　処女神アマテラスの偉大な力

だれでもよく知っているように、日本の神話では、アマテラス大御神というとても偉い女神さまが、天上の神々の世界の高天原《たかまがはら》の女王になって、天の神さまたちみんなを支配していることになっています。なぜかそのことにあまり注意する人がないようなのですが、これは世界のほかの神話にはまったくないことで、日本の神話だけに見られる、本当にユニークな特徴だと思えるのです。

なぜなら国を王さまが支配する制度のあるところでは、どこでもとうぜん、その土地でできた神話の中でも、いちばん偉い一人の神さまが天上の世界でも王さまになっていて、ほかの神さまたちはみんなその支配を受けていることになっています。ところがその王さまの神さまは、ほかの神話では、ギリシァ神話のゼウスや、ローマの神話のユピテル、ゲルマンの神話のオージン、エジプトの神話のラー、バビロニアの神話のマルドゥク、ペルシァの神話のアフラ・マズダー、中国の神話の天帝など、どこでもきまって男の神さまです。アマテラス大御神のような女神さまが、天上で女王となって神々を支配していることになっている神話は、日本のほかには、どうも世界のどこにもないようなのです。*

　そのアマテラス大御神はその上また、純潔な処女の女神さまだということになっていますが、これも日本の神話のとても大きな特徴の一つだと思えます。たしかに純潔をけっして汚すことのない処女だということを強調されている女神さまの例は、ほかの神話にもいろいろ見つかるので、それだけならべつにとりたてて珍らしくはありません。たとえばギリシァ神話だけを見ても、知恵と技術と戦争の女神のアテナと、狩りの女神のアルテミスと、かまどの女神のヘスティアという、三人の偉い女神さまがそろってとてもけっぺきで、いつまでも処女を固く守り続けていることになっています。

　だがギリシァ神話でこの三人はたしかに、それぞれとても偉い女神さまではありますが、三人のうちのだれも、神々の王さまのゼウ

＊インドの神話では、事情がちょっと複雑です。『リグ・ヴェダ』という神々の讃歌に歌われている古い神話では、ヴァルナとミトラという二人の神さまが神さまたちの王さまでした。『マハーバーラタ』や『ラーマーヤナ』などの叙事詩に歌われている、もっと新しい神話では、神さまたちの王さまはインドラですが、このインドラよりずっと偉くて、本当に世界を支配しているのはブラフマーとヴィシュヌとシヴァという三人の神さまで、ブラフマーが造る世界をヴィシュヌが維持し、終わりの時が来ると、シヴァが破壊することになっています。だがこれらの王さまの神さまたちは、ともかくみんな男の神さまです。

スもかなわないほど、すごい力を持っていることにはなっていません。ローマの神話のウェスタであるとか、ペルシァの神話のアナーヒターなど、ほかの神話に出てくる偉い処女の女神さまたちについても、これとまったく同じことが言えます。*

ではこれまで例にあげたような神話には、神々の王さまになっている男の神さままでも、恐れねばならぬほど、ものすごい力を持っている女神さまは、出てはこないのかと言えば、けっしてそんなことはありません。ほとんどの神話に、自分自身が神々の女王になってはいないが、そうしようと思えばいつでも王さまになっている男の神さままでも負かしてしまえるほど、本当に不思議な力を持つ、大女神と呼べるような女神さまが出てきます。ところがそのような大女神たちは、ほかの神話ではいつも、アマテラスが純潔の処女であるのとは、ちょうど正反対に、まるで娼婦のようにいんらんな性質を持っていることになっているのです。

たとえばメソポタミアの神話には、男の神さまたちのだれもなかなかかなわないほど、それは大変な力を持っている、イシュタルと

*ウェスタは古代ローマの火の女神で、その神殿に奉仕する巫女はウェスタリスと呼ばれて、処女の純潔を守ることを義務付けられていました。アナーヒターは、河の女神さまで、一神教のゾロアスター教の信者たちからも、アフラ・マズダーの下で働く天使のような存在として崇められていました。

いう名前の女神さまが出てきます。『ギルガメシュ叙事詩』というとても古い詩の中には、この女神さまがあるとき、天上からこの詩の主人公のギルガメシュという人間の英雄の勇ましさを見て、夢中になり、地上に降りて来てけんめいに誘惑しようとしたという話が、歌われています。

それによるとギルガメシュはそのときになんとイシュタルがそれまでに、恋人の神さまのタンムズのほかに、いやしい身分の羊飼いや庭番の男たちとか、ライオンや馬や鳥などとも見さかいなしに愛し合っては、そのあとでいつも相手をひどい目にあわせたと言って、非難しました。そして自分はそんな目にあうのはまっぴらだと言って、夫にしてやるというイシュタルの申しこみを、てきびしくはねつけ、この侮辱にほこりを傷つけられてそれこそ火のように怒った大女神から、ひどい罰を受けたと物語られているのです。

ギリシァ神話にもこのイシュタルと、何から何までとてもよく似た女神さまが出てきます。それはアフロディテという、美と愛の女神さまです。

（右）ライオンの上に立ち、信者に礼拝されている、メソポタミアの大女神イシュタル
（左）アドニスを夢中で熱愛しているアフロディテ

アフロディテは、鍛冶の仕事が何よりも得意な、ヘパイストスという技術の神さまの妻だとされています。だが足が不自由な上にぶ男なこの夫の神さまを、さんざん馬鹿にして、アレスというたくましい戦争の神さまと密通を続け、ポボスとデイモスという息子と、ハルモニアという娘と、三人もアレスの子を生んだことになっています。

　しかもそれだけでまだ満足せずに、アフロディテはまた、イシュタルの恋人のタンムズにそっくりなアドニスを愛人にして、それこそもう夢中で可愛がったと言われています。そのためにアレスは、もうれつな嫉妬にかられ、狩りに熱中しているアドニスのところにあるときとつぜん、狂暴な猪を送って、牙でこの花のような美青年をむざんに刺し殺させ、アフロディテを泣き悲しませたと物語られているのです。* そのほかアフロディテがあるときは、山の中で牛を飼っていたアンキセスという人間の英雄のところまで、わざわざ出かけて行って、言葉たくみに誘惑して自分を抱かせ、アイネイアスという名高い勇士になる男の子を生んだという話も、よく知られて

＊アドニスに恋人だったアフロディテを横取りされてしまったことに怒って、アレスが猪にアドニスを殺させたというのですから、この話は、前に見たオホクニヌシの神話の中の話と、とてもよく似たところがあります。なぜならオホクニヌシも、八十神が妻にしようとしたヤカミヒメから、夫に選ばれたことで、八十神に憎まれ、猪とそっくりの焼け石を送られて、惨殺されたことになっているからです。アドニスの神話にはこのほかにもまだ、木の幹の中から取り出されたとか、そのあとで地下の世界に送られ、そこで一目見ただけで女神から熱愛されたなど、オホクニヌシの神話とよく似たところのある事件が、いろいろ出てくるのです。

います。**

ところがギリシァ神話でもやはり、このいんらんなアフロディテにだけは、神々の王さまのゼウスも、どうしても負けてしまうことになっているのです。なぜならこの大女神が自由に使うことのできる、なんとも不思議な愛の魔力に対してだけは、無敵なはずのゼウスの武器の雷も、何の役にも立たないので、アフロディテはいつでも思い通りにゼウスの心を狂わせ、人間の女に対してでもうれつな恋のとりこにしてしまうことができるからだと、言われています。

ゲルマンの神話にもフレイヤという、アフロディテともイシュタルとも、本当にびっくりするほどよく似た、不思議な魔法を使うことのできる大女神が出てきます。『ロカセンナ』という古い詩に歌われている有名な話によると、あるとき神々がみんな集まって、楽しい宴会を開いているところに、自分だけそこに招かれなかったことに、かんかんに腹を立てた、ロキという名のとてもずるがしこくて世界中で起こることを何でもよく知っている、悪者の神さまがいきなり飛びこんで来ました。そして神さまと女神さまたちを、一人ず

** アイネイアスは、ダーダネルス海峡の近くのアジアの西海岸にあったトロヤという町が、ギリシァ中の英雄たちに率いられた大軍に攻撃されたとき、町を守って最後まで勇敢に戦いました。そしてこのトロヤ戦争が十年の攻囲の末にギリシァ方の勝利に終わり、トロヤが壊滅すると、アフロディテに保護されて町を焼く火の海の中から脱出し、そのあと町からの落武者たちを集めてその大将となり、長い航海をしてはるばるイタリアに移住して、ローマ人の先祖となったと言われています。この アイネイアスの冒険を歌った有名な詩が、ヴェルギリウスの叙事詩で、ラテン文学の最高の傑作とされている『アエネイス』です。

つ順番にやりだまにあげては、言いたいほうだいの耳の痛い悪口をあびせて、うっぷんをはらしたのです。このときフレイヤには、ロキは、この女神さまが、そこにいるぜんぶの男の神さまとだけでなく、その仲間のみっともない姿の小人たちのみんなとまで、愛人の関係を持った上に、なんと自分の双児の兄弟のフレイという神さまとまで、口にするのがはばかられるようなみだらな関係を結び、その現場を他の神さまたちに見られて、困って苦しまぎれに放屁をしたことがあるではないかと言って、さんざんののしったと言われています。*

それにしてもいったいなぜ、このように世界中の大部分の神話で、とくべつ強力な女神さまはまた同時に、とくべつにいんらんでもあるということになっているのでしょうか。それはその大女神たちが、学問的にホモ・サピエンスと分類されているわたしたち今の人間の最初の祖先たちが、もうすでにあがめていたそれはそれは古い女神さまの性質を、よく受けついでいるからだと思われます。

後期旧石器時代と呼ばれる、ホモ・サピエンスの最初の文化の時

*フレイヤはまたあるとき、四人の小人たちが力を合わせて、とても美しい黄金の首飾りを作り上げたのを見て、その首飾りが欲しくてたまらなくなり、小人たちからそれを買おうとしました。ところが小人たちは、どんな財宝もいらないと言って、自分たち一人ひとりがフレイヤと一晩ずつ同衾する以外の支払いでは、売らないと言ったのです。それでフレイヤは、ためらわずにこの取り引きに承知して、自分の美しい身体を、一夜ずつみにくい小人たちに抱かせて、首飾りを手に入れたと言われています。

先史時代のヴィーナス像の中でも特に有名なヴィレンドルフのヴィーナス

代に、クロマニヨン人というヨーロッパに住んでいた人たちは、その女神さまの姿を、石の像や浮き彫りに表わしてお祭りしていました。学者たちが「先史時代のヴィーナス」と呼んでいる、それらの像を見ると、この大昔の女神さまが当時の人たちに、びっくりするほど巨大な乳房とお尻を持っていて、大きくふくれたおなかの中に、いつも大勢の子どもを妊娠しては生み育てることを続けていると信じられていたことが、よく分かります。

つまり人間は、こんな大昔にもう、子どもを妊娠し生んで育てる、女の人の持っている性の力の不思議さにおどろき、その力を女神さまの姿に表わして、お祭りすることを始めていたわけです。女神さまへの信仰はこのように、そもそもの大もとからして、性の力をあがめることだったのです。だからその後も女神さまたちが世界中のいたるところで、強力であればあるだけ性の力が異常なほどおうせいで、つまりいんらんな性質を持つと考えられてきたのは、まったくあたりまえのことなのです。そしてこのことに照らしてみれば、アマテラス大御神がとび抜けて偉い大女神でありながら、処女をけっして汚さないことになっているのは、やはりほかの神話にはあまり見られないことで、日本の神話の大きな特徴の一つだと言ってよいと思えるのです。

アマテラス大御神はそれからまた、神話の中ではっきりと、本当にびっくりするほど優しくて情け深い性質の持ち主であることを、物語られています。スサノヲが高天原にやって来て、アマテラスにひどい乱暴をしたという話は、これまでにもう何度か取り上げましたが、その乱暴がどのようなものだったかということは、まだお話しませんでした。

『古事記』にはその乱暴のことがまず、「天照《あまて》らす大御神の営田《みつくた》の畔《あ》離《はな》ち、その溝《みぞ》埋《う》み、またその大嘗《おほにへ》聞《きこ》しめす殿に屎《くそ》まり散らしき」と書かれています。* つまりスサノヲは、アマテラスが高天原に作らせていた田んぼを、あぜをこわした上にみぞを埋めて、めちゃめちゃに荒らしたのです。それからまた、その田でできるお米をアマテラスがめし上がる、大切な儀式のための神聖な御殿の中に入って行き、そこに大便をし散らして、さんざん汚すことまでしたと言われてい

*スサノヲのこの乱暴のことは『日本書紀』には、こうも書かれています。

是の後に、素戔鳴尊《すさのをのみこと》の為行《しわざ》、甚だ無状《あづきな》し。何となれば、天照大神《あまてらすおほみかみ》、天狭田《あまのさなだ》・長田《ながた》を以て御田としたまふ。時に素戔鳴尊、春は重播種子《しきまき》し、且畔毀《またあはなち》す。秋は天斑駒《あまのぶちこま》を放ちて、田の中に伏す。復《また》天照大神の新嘗《にひなへきこ》しめす時を見て、則ち陰《ひそか》に新宮《にひなへのみや》に放屎《くそま》る。

つまりスサノヲはアマテラスの御田に、春には一度種がまかれた上にまた重ねて種をまいた上に、田の畔をこわし、秋には田の中に馬を放牧して、耕作や収穫を妨害し、その田でできたお米をアマテラスが初めて召し上がる儀式の時になると、その式場となる宮を、大便をして汚したというのです。

るわけです。

　ところがこんなひどいことをされても、アマテラスはなんと、怒ることも叱ることもしなかったと言うのです。それどころか、こんなむりな弁解までして、スサノヲをなんとかして、かばってやろうとしたと言われています。

「屎《くそ》なすは酔《ゑ》ひて吐き散らすとこそ我が汝兄《なせ》の命かくしつれ。また田の畔《あ》離《はな》ち溝《みぞ》埋《う》むは、地《ところ》を惜《あたら》しとこそ我が汝兄《なせ》の命かくしつれ」

　つまり大便のように見えるのは、スサノヲが酒に酔って、悪意ではなくそそうをしてもどしたものだろう。また田のあぜをこわし、みぞを埋めたのは、あぜやみぞに地面を使うのがもったいないと思って、善意からしたのだろうと言ったというのです。

　ところが姉さんからこんなふうに、信じられないほど優しくされてもスサノヲは、改心をするどころか反対にますます付け上がって、いっそうひどい乱暴をし続けたと言われています。そしてそのあげく、しまいにとうとう、アマテラスにもがまんができないような、本当にとんでもない事件を起こしてしまったことになっているので

＊このことは『古事記』に、こう書かれています。

　天照らす大御神の忌服屋《いみはたや》にましまして神御衣《かむみそ》織らしめたまふ時にその服屋《はたや》の頂《むね》を穿ちて、天の斑馬《むちこま》を逆剝ぎに剝ぎて堕し入るる時に、天の服織女《みそおりめ》見驚きて梭《ひ》に陰上《ほと》を衝きて死にき。かれここに天照らす大御神見畏《みかしこ》みて、天の石屋戸《いはやと》を開きてさし隠りま

す。
　アマテラスが神聖な建物の中にこもって、神さまのお召しになる衣服を織らせているのを見て、スサノヲはその建物の屋根に大きな穴を開けました。そしてそこから、なんと皮をはいだ血だらけの馬を投げこんだのです。そのために、そこで機織《はたお》りをしていた女神さまが、これを見てびっくりぎょうてんしたはずみに、手に持っていた機織りの道具の先がするどくとがった板を、自分の局所に突き刺して、死んでしまいました。それでアマテラスもとうとう怒って、前にも見たように天の岩屋に閉じこもってしまい、世界中にまっ暗な夜がいつまでも続くことになったのだと、言われています。*
　この話からとてもよく分かるように、アマテラス大御神は、本当にちょっと信じるのがむずかしいほど、それはそれは情け深くて、ずいぶんひどいことをされてもたいていはがまんして、怒ったり罰を下したりはしないのです。だがそんな優しい性質だからこそ、だれかが血を流したり殺されることだけは、本当に大きらいで、そういう事件が起これば、そのときはもうがまんできず、本気で怒らず

しき。ここに高天《たかま》の原皆暗く、葦原の中つ国悉に闇し。これに因りて、常夜往《とこよゆ》く。ここに万《よろづ》の神の声は、さ蠅なす満ち、万の妖《わざはひ》　悉に発《おこ》りき。

　また『日本書紀』には、こう書いてあります。

　又天照大神の、方《みさかり》に神衣《かむみそ》を織りつつ、斎服殿《いみはたどの》に居《ま》しますを見て、則ち天斑駒を剝《さかはぎにはぎ》　ぎて、殿の甍《いらか》を穿《うが》ちて投げ納《い》る。是の時に、天照大神、驚動《おどろ》きたまひて、梭を以《も》て身を傷ましむ。此に由《よ》りて、発慍《いか》りまして、乃《すなは》ち天石窟《あまのいはや》に入りまして、磐戸《いはと》を閉《さ》して幽《こも》り居しぬ。故《かれ》、六合《くに》の内常闇《とこやみ》にして、昼夜の相《あひかはるわき》　代も知らず。

　つまりこれによればこのスサノヲの乱暴に驚いて、機織りの道具の梭で身体を突いて負傷したのは、アマテラス自身だったことになります。

にいられないのだと思えます。

アマテラスがこのように、だれかが血を流したり殺されれば、そのときだけはどうしても、本気で怒らずにはいられない性質を持っていることは、これまでにもう何度か取り上げたあのウケモチの神話からも、はっきりたしかめられます。なぜならこの話でもアマテラスは、ツクヨミが地上でウケモチを殺したことを、ありのままに報告すると、本当にびっくりするほどきびしく怒ったことになっていて、そのことが『日本書紀』に、こう書かれているからです。

「時に天照大神《あまてらすおほみかみ》、怒りますこと甚《はなはだ》しくて曰《のたま》はく、『汝は是《これ》悪《あ》しき神なり。相《あひ》見《み》じ』とのたまひて、乃《すなは》ち月夜見尊《つくよみのみこと》と、一日一夜、隔《へだ》てて離れて住みたまふ」

つまりアマテラスは、もうれつに怒ってツクヨミに、「あなたは悪い神さまなので、もう会いたくありません」と宣言し、それでこのときから、太陽のアマテラスと、月のツクヨミとが、昼と夜の空にわかれわかれに出ることになったのだというのです。

アマテラスのこのような優しい性質も、日本の神話のとても大きな特徴の一つだと思えます。なぜならほかの神話で、神々の王さまになっている偉い神さまたちはみんな、こんなアマテラスとはまるで正反対に、自分に反抗するものに対しては、すぐに怒ってたちまちひどい罰を下し、殺すこともすこしもためらわないことになっているからです。

ギリシァ神話ではゼウスの父親のクロノスという神さまが、ゼウスより前に、神々の王さまだったことになっています。そのときにクロノスといっしょに世界を支配していたのは、ゼウスの伯父さんにあたるティタンと呼ばれる神さまたちでした。

ゼウスはこのクロノスとティタンたちを敵にして、十年にわたって休みなしに血みどろの戦争をしました。そしてしまいに父と伯父たちを、雷で打ち倒した上に、無数の巨大な岩の下敷きにして負かし、しばり上げて地下の深い底にある、タルタロスと呼ばれるまっ暗な地獄に、とじこめてしまったと言われています。*

バビロニアの神話のマルドゥクは、神々の王になるために、自分の祖母にあたるティアマトという怪物の女神と、激しい戦いをして

*クロノスは、自分の父親で天の神さまだったウラノスのペニスを、ぎざぎざの刃のついた大鎌を使って刈り取って海に投げ捨てました。そしてそれまで天上の王さまだった父に代って、神さまたちの王さまになったと言われています。

そのあとでクロノスは、自分の姉さんだったレイアという女神さまと結婚しましたが、自分がそうしたように子どもに天上の王さまの地位を奪い取られることを心配して、レイアが生んだ子を次々に、五人も自分の腹の中に呑みこんでしまいました。だが末の子のゼウスだけは、生まれるとすぐ、クレタ島の山奥の岩屋の中に隠されて、そこで無事に成長し、クロノスに吐き薬を飲ませて、兄さんや姉さんたちを吐き出させてから、二人の兄さんのハデスとポセイドンと協力し、味方の神さまたちを集めて、ティタンたちとの戦い

を始めたと言われています。

ぎゃく殺しました。そしてその死体を二つに裂き、天と地を造ったと言われています。ゲルマンの神話でもやはりオージンは、世界の支配者になるために、ユミルという巨人を殺し、その死体からこの世界を造ったことになっています。

その十二　平和のシンボルとしての最高神アマテラス

前回に見たように、日本の神話で天上の神々の世界である高天原の女王さまになっている、アマテラス大御神は、女神でしかも純潔の処女だというところが、他の神話で天上の神々の王となっている神さまたちとは、まったくちがっています。その上にアマテラスは本当にびっくりするほど情け深くて、ひどいことをされてもなかなか怒ったり罰を下すようなことはしません。またその優しさのために、流血と殺害が何よりも大きらいで、そういう事件を起こしたものに対してだけは、本気で怒るとされています。この点でもアマテラスの性質は、他の神話で神々の王となっている神さまたちが、みんな容赦なく罰したり殺したりするとても厳しく恐ろしい神さまであるのと、正反対と言ってよいほどまるでちがうのです。

アマテラス大御神が、高天原の女王さまになったときの話も、他の神話の神々の王たちの話とは、ぜんぜんちがいます。『古事記』では前にも見たようにアマテラスは、イザナキの命が黄泉国《よもつくに》から地上に帰って来て、みそぎをしたときに、最後にこの父の神さまの左の目から生まれたことになっています。このときアマテラスといっしょに、イザナキの右の目からは、月の神さまのツクヨミの命が、そして鼻からはスサノヲの命が生まれたと物語られています。そうするとイザナキはたちまち大喜びをして、そこですぐさまアマテラスをまず、高天原の女王さまにしたので、そのことはこう書かれています。

「この時伊耶那伎《いざなき》の命《みこと》大《いた》く歓喜《よろこ》ばして詔《の》りたまひしく、『吾は子を生み生みて、生みの終《はて》に、三はしらの貴子《うづみこ》を得たり』と詔りたまひて、すなはちその御頸珠《みくびたま》の玉の緒《を》もゆらに取りゆらかして、天照らす大御神に賜《たま》ひて詔りたまはく、『汝が命は高天の原を知らせ』と、言依《ことよ》さして賜ひき」

つまりこの『古事記』の神話ではアマテラスは、生まれるともうすぐに父の神から、そのことのしるしになる玉の首飾り*を与えられ

*イザナキがこのときアマテラスに授けた玉の首飾りについて、『古事記』には、「かれその御頸珠《みくびたま》の名を、御倉板挙《みくらたな》の神といふ」という説明がされています。つまりこの首飾りは、ミクラタナという名前の神さまだというのです。タナというのは古い言葉で、稲種という意味だと思われます。そうするとこの首飾りは、倉に入れられる稲種の神さまだということになります。

て、高天原の女王さまにされたことになっているわけです。

『日本書紀』ではアマテラス大御神は、イザナキとイザナミがいっしょに生んだ子どもたちの一人だったことに、なっています。そしてこの話でもやはり、生まれるとすぐにもう、天上に送られて高天原の女王さまになったとされていて、そのことがこう書かれています。

「既《すで》にして伊奘諾尊《いざなきのみこと》・伊奘冉尊《いざなみのみこと》、共《とも》に議《はか》りて曰《のたま》はく、『吾《われ》已《すで》に大八洲国《おほやしまのくに》及び山川草木を生めり。何《いかに》ぞ天下《あめのした》の主者《きみたるもの》を生まざらむ』とのたまふ。是《ここ》に、共に日の神を生みまつります。此《こ》の子《みこ》、光華明彩《ひかりうるは》しくして、六合《くに》の内《うち》に照り徹《とほ》る。故《かれ》、二《ふたはしら》の神喜びて曰《のたま》はく、『吾《わ》が息《こ》多《さは》ありと雖《いへど》も、未《いま》だ若此霊《かくくしび》に異《あや》しき児《こ》有《あ》らず。久《ひさ》しく此《こ》の国に留《と》めまつるべからず。自《おの》づから当《まさ》に早《すみやか》に天に送《おくりまつ》りて、授《さづ》くるに天上《あめ》の事を以《も》てすべし』とのたまふ。是《こ》の時に、天地《あめつち》、相去《あひさ》ること未《いま》だ遠からず。故《かれ》、天柱《あめのみはしら》を以《も》て、天上《あめ》に挙《おくりあ》ぐ」

つまりこの話ではアマテラスは、父母の神さまが、全世界の支配者となるのにふさわしい、だれよりも偉い神さまを生もうと相談した上で、生んだ子だったとされているわけです。そして生まれてみると、本当にその期待の通りに、美しい光が世界のすみずみまで明るく照り輝く、またとないほどすばらしい神威《しんい》を持っていたので、両親の神は喜んで、すぐさまこのときにはまだ天と地をつないでいた柱を伝って天上に昇らせ、高天原の女王にしたと語られているのです。

このように『古事記』でも『日本書紀』でもアマテラスは、だれの目にも高天原の女王さまになってとうぜんと見えるような尊さを、生まれながらにしてはっきりと持っていたとされています。それで生まれるとすぐに、どこからも何の反対も抵抗も受けずに、まるでそれがあたりまえのように自然なしかたで、高天原の女王さまになったのだと物語られているわけです。

神々の王が、こんなおだやかで平和なやりかたで、王の地位についたという話は、他の神話にはまったく見つかりません。前回も見たように、ギリシア神話では神々の王のゼウスは、十年間も激しい戦いをして、自分の父や伯父たちを負かし、それまで父のクロノスが持っていた王位を、奪い取ったことになっています。バビロニアの神話の神々の王であるマルドゥクは、祖母の女神を、これも激しい戦いをした末にぎゃく殺し、その死体を引き裂いてそれで天と地を造ったと言われています。* またゲルマンの神話でも、神々の王のオージン** はやはり、自分より前に世界を支配していたユミルという巨人と戦って殺し、その死体からこの世界を造ったと物語られているのです。

これとよく似た話は、『聖書』にも出てきます。なぜならイスラエル人の神さまのヤハウェもやはり、世界を造ってその王になるためにレビヤタンという名の竜と戦って、その頭を粉砕し殺したことになっているからで、そのことはたとえば、『旧約聖書』の『詩篇』の第七十四篇には、こんな風に歌われています。

「神はいにしえからわたしの王であって、救《すくい》を世の中に行われた。あなたはみ力を持って海をわかち、水の上の竜の頭を砕かれた。あなたはレビヤタンの頭をくだき、これを野の獣に与えてえじきとされた。あなたは泉と流れとを開き、絶えず流れるもろもろの川をか

＊マルドゥクがティアマトを惨殺したときの模様は、『エヌマ・エリシュ』という詩に、こう歌われています。

主はかれの網をひろげ、彼女を包みこみ、うしろについてきた悪風を前へ放った。ティアマトはそれを嚥みこもうと口を開けた。かれは悪風を（彼女の体内に）送りこみ、口を閉められないようにした。荒れ狂う風は彼女の腹をふくらませた。彼女の体内はふくれあがり、彼女は口を大きく開けた。かれが矢を放つと、それは彼女の腹のなかを裂き、内臓を切りさき、心臓を射ぬいた。かれは彼女をしばり、彼女の生命を奪った。かれは彼女の死骸を放り出し、その上に立った（後藤光一郎氏の訳による）。

＊＊オージンが、ユミルを殺したあとでその死体から世界を造

らされた。昼はあなたのもの、夜もあなたのもの。あなたは光と太陽とを設けられた。あなたは地のもろもろの境を定め、夏と冬とを造られた」

つまり『聖書』もふくめて他の神話では、世界の王さまになっている神さまは、その地位を手に入れるために、かならず強敵と激しい戦争をして勝ち、多くの神話ではぎゃく殺したその敵の死体を材料にして、世界を造ったことになっているのです。しかもその敵は多くの神話でまた、戦いに勝って世界の王になった神さまの親とか祖先であったことにもなっています。だからアマテラス大御神は、この点でもやはりたしかに、世界の他の神話の最高神たちとは、まったくと言っていいほどちがっているのです。

アマテラスの本当にきわだった特徴だと思える、このようなてっていして平和な性質は、日本の神話の中でまた、この女神さまの子や孫で、皇室の祖先になった神さまたちにも、とてもはっきり受けつがれているように語られています。

アマテラス大御神の子で皇室の祖先となった神さまは、オシホミ

ったことは、『ヴァフスルーズニスマール』という古い詩の中で、こう歌われています。

ユミルの肉から、大地が形づくられた。骨からは岩石が、霜のごとき冷たき巨人の、頭蓋骨からは天が、そして血からは海が（菅原邦城氏の訳による）。

二羽の鳥を連れて戦いに行くオージン

太陽と月を造る、イスラエル人の神ヤハウェ

190

ミの命です。前にも見たようにアマテラスは、最初はこの自分の愛児に、日本の国土を支配させることにすると厳かに宣言をして、そのために地上に降りて行くように命令しました。ところがオシホミミは、降りて行く途中で通路の天《あめ》の浮橋《うきはし》の上から下を見て、「豊葦原《とよあしはら》の千秋《ちあき》の長五百秋《ながいほあき》の水穂《みづほ》の国は、いたくさやぎてありなり」と言って、強そうな神さまが大勢いる国土の有様に驚きの声をあげました。そしてそのまま高天原に帰ってきて、アマテラスにそのことを報告したと言われています。

この話から、抵抗や反抗をするものたちを力ずくでおどしたり、戦いで負かして支配するような性質を、アマテラスの愛児の皇室の祖先の神さまが、まったく持っていなかったことが、とてもよく分かると思えます。つまりオシホミミは、アマテラスが高天原の女王さまになったときと同じように、だれからも反対も抵抗もされぬ平和的なやりかたでしか、国土の支配者になれぬ神さまだったと、されているわけです。

アマテラスはそこで、これも前に見たようにして、タカミムスヒといっしょに天の神さまたちを集めて相談させては、その意見に従って、地上を平定するためにいろいろな神さまを、次々に天から派遣しました。そして長い年月をかけ苦労して、しまいにようやく、地上の神さまたちの首領だったあの偉いオホクニヌシの命に、それまで自分が支配してきた国土を、天から降りてくるアマテラスの子の神さまに、献上すると約束させることができました。そこでアマテラスは、オシホミミに降りて行って国土を支配するように、またあらためて命令しました。*

そうするとこれも前に見たようにオシホミミは、ちょうどそのときまだ生まれたばかりだった、自分の子どものホノニニギという名前の神さまを、自分の代りに降りて行かせることにしようと、提案をしました。そしてアマテラスも、愛児の神さまのこの申し出にすぐ承知したので、それでアマテラスの孫の天孫《てんそん》だった、このホノニニギの命が、アマテラスとタカミムスヒからあらためて厳かな命令を受け、地上に降りて来て、皇室の祖先の神さまになったのだと、言われています。

*このことは『古事記』に、こう書いてあります。

ここに天照らす大御神高木《たかぎ》の神の命もちて、太子《ひつぎのみこ》正勝吾勝勝《まさかつあかつか》速日天《ちはやひあめ》の忍穂耳《おしほみみ》の命に詔りたまはく、「今葦原《あしはら》の中つ国を平《ことむ》け訖《を》へぬと白す。かれ言よさし賜へるまにまに、降りまして知らしめせ」とのりたまひき。ここにその太子正勝吾勝勝速日天の忍穂耳の命答へ白さく、「僕は、降りなむ装束《よそひ》せし間に、子生れましつ。名は天邇岐志《あめにきし》国邇岐志《くににきし》天《あま》つ日高日子番《ひこひこほ》の邇邇芸《ににぎ》の命、この子を降すべし」とまをしたまひき。この御子は、高木の神の女万幡豊秋津師比売《よろづはたとよあきつしひめ》の命に御合《みあひ》して生みませる子、天の火明《ほあかり》の命、次に日子番《ひこほ》の邇邇芸《ににぎ》の命二柱にます。ここを以ちて白したまふまにまに、日子番の邇邇芸の命に詔科《みことおほ》せて、「この豊葦原の水穂《みづほ》の国は、汝の知らさむ国なりとことよさしたまふ。かれオシホミミではなくて、このホノニニギが地上に降りて来たということには、いろいろな点で深い意味があります。まずホノニニギのお母さんは、タカミムスヒの娘でオシホミミの妻になっていた、ヨロヅハタトヨアキツシヒメという名前の女神さまでした。つまりホノニニギは、タカミムスヒの孫でもあったわけです。それでホノニニギの子孫である代々の天皇は、前に見たように造化《ぞうか》の三神の一人で、アマテラス大御神といっしょに、高天原で天の神さまたちを指揮している、とても偉い神さまのタカミムスヒの子孫でもあることになったのです。

その上また、生まれたばかりの赤ん坊だったホノニニギが地上に降りて来たことで、この天孫の降臨の事件は、いっそうはっきりと、アマテラスが高天原の女王さまになったときの出来事と、よく似た意味を持つことになりました。なぜならホノニニギの命が、生まれるとすぐに国土を支配せよと命令されて、天から地上に降りて来たのは、アマテラスがやはり生まれるとすぐに、高天原を支配するように命令され、地上から天に昇ったのと、本当によく似ていると思

命のまにまに天降りますべし」
とのりたまひき。

えるからです。

しかも前に見たように、『古事記』にはこのときにアマテラスが父のイザナキから、高天原の支配者になるしるしに、玉の首飾りを厳かなしかたで授けられたことが、物語られています。これもホノニニギが、地上に降りるに当たって、国土の支配者のしるしとしてアマテラスから授けられたという三種の神器《じんぎ》の中に、ヤサカの曲玉《まがたま》と呼ばれる飾りの玉があるのと、とてもよく似ていると思えます。

それからまたアマテラスは、それぞれが大切な役目を持つ五人の天の神さまたちを、とくべつに選んで、ホノニニギのおともをしていっしょに地上に降りて行かせたと、言われています。その神さまたちというのは、アメノコヤネの命と、フトダマの命と、アメノウズメの命と、イシコリドメの命と、タマノオヤの命の五人です。

この神さまたちはこれより前に、天の岩屋の前で天の神さまたちがにぎやかなお祭り*をして、閉じこもっているアマテラス大御神を外に招き出したときにも、五人ともそろってとても大切と思える活躍をしました。アメノウズメは岩屋の戸の前で、踊りながら自分の

*このお祭りのことは、『古事記』には、こう書いてあります。

ここを以ちて八百万の神、天の安の河原に神集《かむつど》ひ集《つど》ひて、高御産巣日《たかみむすひ》の神の子思金《おもひかね》の神に思はしめて、常世《とこよ》の長鳴鳥《ながなきどり》を集《つど》へ鳴かしめて、天の安の河上の天の堅石《かたしは》を取り、天の金山の鉄を取りて、鍛人天津麻羅《かぬちあまつまら》を求《ま》ぎて、伊斯許理度売《いしこりどめ》の命に科《おほ》せて、鏡を作らしめ、玉《たま》の祖《おや》の命に科せて八尺《やさか》の勾璁《まがたま》の五百津《いほつ》の御統《みすまる》の珠を作らしめて、天の児屋《こやね》の命布刀玉《ふとだま》の命を召《よ》びて、天の香山《かぐやま》の真男鹿《さをしか》の肩を内抜《うつぬ》きに抜きて、天の香山の天の波々迦《ははか》を取りて、占合《うらへ》まかなはしめて、天の香山の真賢木《まさかき》を根掘《ねこ》じにこじて、上枝《ほつえ》に八尺の勾璁の五百津の御統の玉を取り著《つ》け、中つ枝に八尺《やた》の鏡を取り繋《か》け、下枝《しづえ》に白和幣青和幣《しらにきてあをにきて》を取り垂《し》でて、この種々の物は、布刀玉の命太御幣《ふとみてぐら》と取り持ちて、

身体をむき出して見せて、天の神さまたちを陽気にどっと大笑いさせました。そのあいだアメノコヤネは、厳かにのりとを唱え、フトダマはその横に、枝にヤタの鏡とヤサカの曲玉をかけた榊《さかき》を、捧げ持って立っていました。

　そしてアマテラスが笑い声につられ、岩屋の戸を細くあけて、アメノウズメと言葉をかわしあったところに、すかさず二人の神さまがいっしょにその榊をさし出して、アマテラスに鏡に映った自分の姿を見せ、大御神を岩屋の外に誘いました。このヤタの鏡を作ったのは、イシコリドメで、それといっしょに使われたヤサカの曲玉を作ったのは、タマノオヤだったと物語られています。

　また、『古事記』にはこの五人の神さまのほかに、オモヒカネと、タヂカラヲと、アメノイハトワケという三人の神さまたちも、アマテラスに命令され、ホノニニギの命について地上に降りて来たと、語られています。オモヒカネは、天の岩屋の前でしたお祭りのやりかたを考え出した知恵の神さまで、タヂカラヲは、岩屋の戸のわきに隠れていて、アマテラスの手を取って外に引き出す役目をしまし

天の児屋の命太祝詞言禱《ふとのりとことほ》き白して、天の手力男《たぢからを》の神、戸の掖《わき》に隠り立ちて、天の宇受売《うずめ》の命天の香山の天の日影《ひかげ》を手次《たすき》に繋《か》けて、天の真折《まさき》を縵《かづら》として、天の香山の小竹葉《ささば》を手草《たくさ》に結ひて、天の石屋戸に覆槽《うけ》伏せて蹈みとどろこし、神懸《かむかが》りして、胷乳《むなち》を掛《か》き出で、裳《も》の緒《ひも》を陰《ほと》に忍し垂りき。ここに高天の原動《とよ》みて八百万の神共に咲《わら》ひき。

　ここに天照らす大御神怪《あや》しとおもほして、天の石屋戸を細《ほそめ》に開きて内より告《の》りたまはく、「吾が隠《こも》りますに因りて、天の原おのづから闇く、葦原の中つ国も皆闇けむと思ふを、何とかも天の宇受売は楽《あそび》し、また八百万の神諸《もろもろ》咲《わら》ふ」とのりたまひき。ここに天の宇受売白さく、「汝命に益《まさ》りて貴き神いますが故に、歓喜《よろこ》び咲《わら》ひ楽《あそ》ぶ」と白しき。かく言ふ間に、天の児屋の命、布刀玉の命、その鏡を指し出でて、天照らす大御神に示《み》せまつる時

た。またアメノイハトワケも、天の岩屋の戸を開くために働いた神さまだったことが、その名前を見れば、はっきり分かるでしょう。

　ホノニニギの命はこのように、アマテラス大御神を天の岩屋から招き出すために働いたのと、まったく同じ神さまたちにつきそわれて、この国土に降りて来たことになっています。このことからアマテラスの子孫の神さまが、天から降りて来て国土の支配者になるという出来事が、大御神自身が岩屋から出て、それまでまっ暗だった世界が、美しい太陽の光に明るく照らされることと、ほとんど同じ意味を持つことが分かるように思えます。そのことはまた、ホノニニギの命といっしょに国土の支配者のしるしとして降された、三種の神器の中の鏡と玉が、アマテラスを岩屋から招き出すために作られたものであることからも、はっきりたしかめられます。

　しかも天孫の一行が、いよいよ降りて行こうとしたとき、困ったことが起きたと物語られています。長い鼻をした大男の神さまが、目と口をらんらんと光らせながら、通り道をふさいでいるように見えたのです。

に、天照らす大御神いよよ奇《あや》しと思ほして、やや戸より出でて臨みます時に、その隠り立てる手力男の神、その御手を取りて引き出しまつりき。

アメノウズメとサルタヒコを描いた芳盛の錦絵

ところがこのときも、アメノウズメの命が前に行って、笑いながら自分の身体をむき出して見せると、この神さまが質問に答え、サルタヒコという名前で、天孫が降りて来ると聞いて、迎えに出て来たのだということが分かりました。そしてみんなの先頭に立って、道案内をしたと言われています。つまりアメノウズメは、アマテラスを岩屋から招き出すためにしたのとそっくりなことを、ホノニニギの命を地上に降すためにもしたことになっているわけです。*

日本の神話ではこのように、皇室の祖先の神さまは、てっていして優しくて平和なアマテラス大御神の性質を受けつぎ、アマテラスが高天原の女王さまになったときとそっくりなしかたで、国土の支配者になったとされています。そして天から降りて来ることで、アマテラスが岩屋から出たときに、まっ暗だった世界が、美しい光で明るく照らされたのと同じように、私たちの住むこの国が、明るい平和な光の恵みを、いつもふんだんに受けられるようにしたことになっているのです。

皇室の祖先の神さまたちのこのようなてっていして平和な性質

*アメノウズメが、自分の身体をむき出して見せて、サルタヒコに名前を言わせたことは、『日本書紀』にこう書かれています。

天鈿女《あめのうずめ》、乃《すなは》ち其の胸乳《むなち》を露《あらは》にかきいでて、裳帯《もひも》を、臍の下に抑《おした》れて、咲噱《あざわら》ひて向きて立つ。是の時に、衢神《ちまたのかみ》問ひて曰はく、「天鈿女、汝為《いましかくす》ることは何の故ぞ」といふ。対《こた》へて曰はく、「天照大神の子の所幸《いでま》す道路に、如此《かく》居《を》ること誰ぞ。敢へて問ふ」といふ。衢神対《ちまたのかみこた》へて曰はく、「天照大神の子、今降行《いまいでま》すべしと聞く。故に、迎へ奉りて相待つ。吾が名は是、猨田彦大神《さるたひこのおほかみ》」といふ。

は、代々の天皇に受けつがれることになっています。今の天皇のありかたは、神話に語られているこの理想と、本当に不思議なほどよく一致していると思えます。

あとがき

日本の神話は、私たちが世界に向かって自慢することができる、大切な文化的な財産の一つです。この神話はまた、私たちがそれに映して自分たちの心の内面を見ることができる、鏡のようでもあります。なぜならこの神話を、他の土地の神話と比較しながら注意して読むと、私たち日本人が昔から今まであたり前だと思ってしてきた、ものの感じ方や考え方がどんなもので、他の土地の人たちがやはりあたり前だと思ってしてきている、感じ方や考え方と、どこがどのようにちがうかが、とてもよく見えてくると思われるからです。

今の日本人はたしかに、外に表われる態度とか話し方や行動などを見れば、ほんの何十年か前と比べても、考え方や感じ方などまでずい分ちがっているように見えます。そればかりか、今いっしょに生きている日本人同士でも、若い人たちを大人たちが新人類などと呼んでいることからも分かるように、古い世代と新しい世代の考え方や感じ方には、理解しあうことが困難なほど、大きなギャップがあるようにも言われています。

ところが今げんに起こっているそんな急激な変化にもかかわらず、神話の鏡に映してみると私たちは、今の自分たちも内面の奥底には、大昔から日本人が持ち続けてきた心を、そのままと言ってよいほど変らずに持っていることに気づき、びっくりさせられるのです。

この本では日本の神話が、日本人の内面の奥底に昔から変らずにあるその心を、どのように私たちに映し出して見せてくれるか、できるだけ分かりやすくお話してみようとつとめてみました。日本の神話が、ただ話として面白いだけでなく、どんなすばらしい意味と価値を持っていて、私たち今の日本人にとってもどれほど大切な宝であるか、一人でも多くの方に知って頂きたいというのが、このささやかな本にこめた、著者の心からの願いです。

この本の本文は最初、エム オー エー商事によって発行されている月刊誌の『地上天国』に、昭和六三年九月から平成元年八月まで十二回にわたって連載されました。この雑誌の読者の多くは、世界救世教の信者さんたちですが、編集部からもそうはっきりと依頼され、そのことにこだわらずに自分の考えを、まったく自由に書き続けさせて頂きました。

このような形で自分の考えを述べるのに、絶好の機会を与えて下さり、また連載のあいだいつも真心のこもったお世話を惜しまれなかった『地上天国』編集兼発行人の森山忠彦氏をはじめ、町谷富男氏など、エム オー エー商事編集出版部のみなさんに、心から感謝を申し上げます。

またその本文の下に解説文を加え、図版を付けてこのような本にするに当たっては、青土社書籍編集部の水木康文氏に、熱心な御尽力を頂きました。心から御礼を申し上げます。

吉田敦彦

平成元年十一月

学習院大学国文学科研究室にて

新装版に寄せて

この本が最初に出版された平成の始めから今までの十何年かのあいだに、私たちを取り巻く世界の有り様は、ずい分大きく様変わりをしました。そしてそのあいだに私たち日本人は、堅固だと信じて安心していたものが、自分たちのまわりの方々で、次々に崩れ、頼りにならなくなるという、痛い経験を重ねてきました。そのため今の日本には、政治、経済、教育、また、外交や司法や治安、国防など、それこそありとあらゆる分野で、これまでのやり方を抜本的に見直して、改革する必要があると、声高に叫ばれています。

避けることができないと思われる、それらの改革を実施して行くに当たって、私たち日本人は、自分たちの文化の中でこれからも大切に守って行かねばならぬ、肝心なものは何かを、今こそはっきりと見定める必要があるのではないでしょうか。そうすることで私たちは、なお激しい変転を続け、果ては人類と世界が破滅の危機に瀕する恐れすらあると思われる、二十一世紀の世界の中で、日本人に相応しい役が果たせる。そして人間と自然、またたがいに相容れぬ主張を持つ国や民族や文化が共生できる世界を実現するために、大きな貢献ができると思うからです。

私はこれからの世界の中で、そのような役を果たし貢献することを日本人に可能にする叡知が、昔から今まで日本の文化の中で、連綿と働いてきたと信じています。そしてその貴重な叡知のあり様を、私たちは、日本の神話の中から読み取ることができると思うのです。

これからの世界にとって、掛け替えのない価値を持つと思われる叡知が、じつは日本の神話の中に内蔵されているので、そのことを一人でも多くの人に知っていただきたい。その思いに駆られながら私は、十何年か前にこの本を、できるだけ分かりやすくしようと心がけて書きました。そんな思いの籠ったこの本が、幸せなことに多くの読者からのご支持を頂いて、これまで版を重ねてきた。そして今のこの時に、新しい装幀で上梓されることになった。そのことに私はいま改めて、しみじみと深い感慨をおぼえています。

平成十四年五月

学習院大学日本語日本文学科研究室にて

吉田敦彦

系図—日本神話の神々

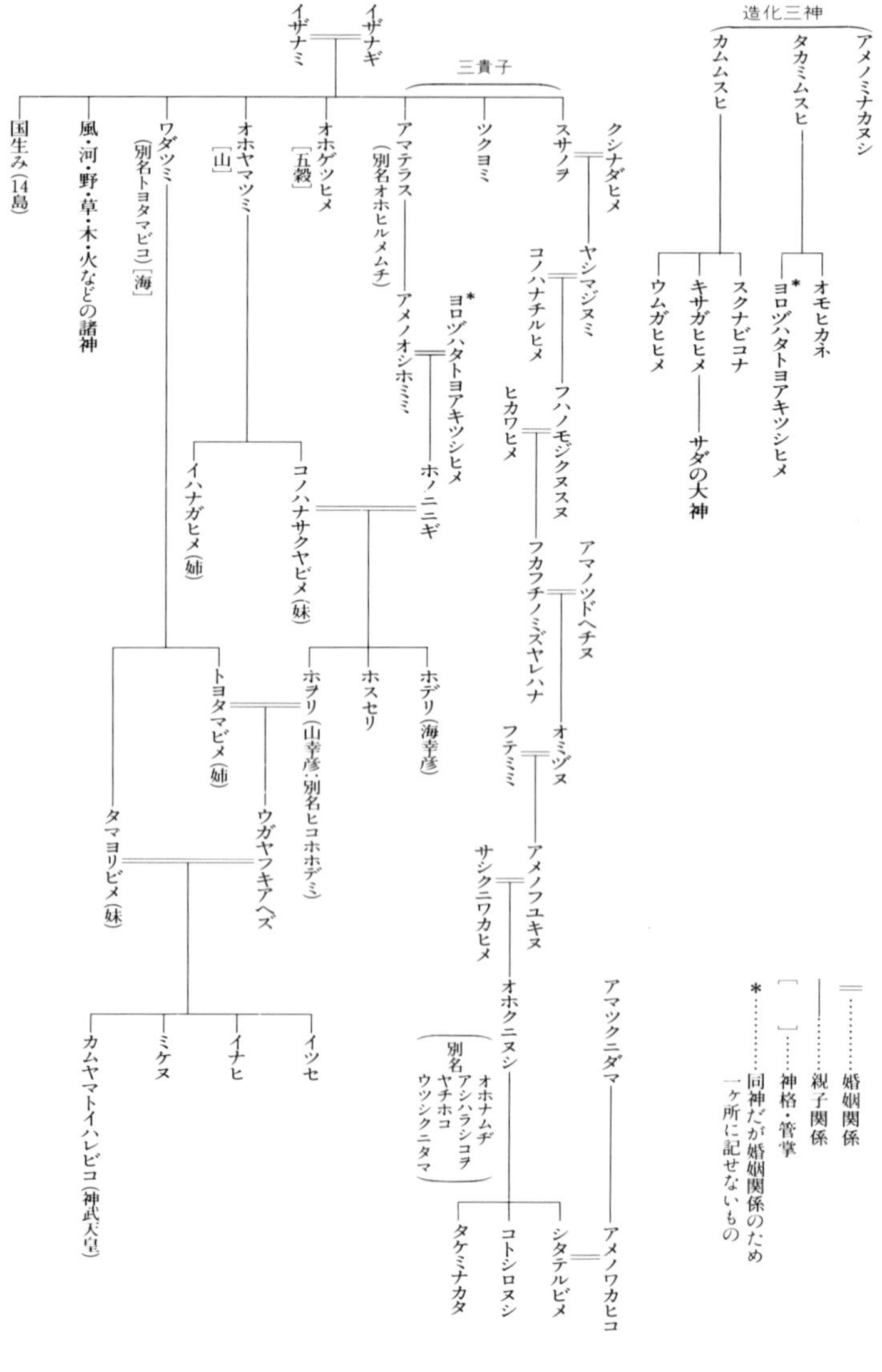
造化三神
アメノミナカヌシ
タカミムスヒ
カムムスヒ
オモヒカネ
*ヨロヅハタトヨアキツシヒメ
スクナビコナ
キサガヒヒメ
ウムガヒヒメ
サダの大神
イザナギ
イザナミ
三貴子
スサノヲ
ツクヨミ
アマテラス（別名オホヒルメムチ）
オホゲツヒメ［五穀］
オホヤマツミ［山］
ワダツミ（別名トヨタマビコ）［海］
風・河・野・草・木・火などの諸神
国生み（14島）
クシナダヒメ
ヤシマジヌミ
コノハナチルヒメ
フハノモジクヌスヌ
ヒカワヒメ
フカフチノミズヤレハナ
アマノツドヘチヌ
オミヅヌ
フテミミ
アメノフユキヌ
サシクニワカヒメ
オホクニヌシ
（別名 オホナムヂ アシハラシコヲ ヤチホコ ウツシクニタマ）
アマツクニダマ
アメノワカヒコ
シタテルヒメ
コトシロヌシ
タケミナカタ
アメノオシホミミ
*ヨロヅハタトヨアキツシヒメ
ホノニニギ
コノハナサクヤビメ（妹）
イハナガヒメ（姉）
ホデリ（海幸彦）
ホスセリ
ホヲリ（山幸彦：別名ヒコホホデミ）
トヨタマビメ（姉）
ウガヤフキアヘズ
タマヨリビメ（妹）
イツセ
イナヒ
ミケヌ
カムヤマトイハレビコ（神武天皇）
＝……婚姻関係
｜……親子関係
［ ］……神格・管掌
*……同神だが婚姻関係のため一ヶ所に記せないもの

日本の神話

（新装版）

2002年8月30日　第1刷発行
2008年7月10日　第2刷発行

著者――吉田敦彦
発行者――清水一人
発行所――青土社
東京都千代田区神田神保町1-29市瀬ビル〒101-0051
［電話］03-3291-9831（編集）　03-3294-7829（営業）
［振替］00190-7-192955
印刷所――ディグ（本文）
方英社（カバー・表紙・扉）
製本所――小泉製本

装幀――高麗隆彦

ISBN4-7917-5982-6　Printed in Japan